John Barroso

Como Aumentar a FORÇA ENXADRÍSTICA

Exercícios e Treinamento Prático em Finais

Volume 2

EDITORA CIÊNCIA MODERNA

Como Aumentar a Força Enxadrística – Volume 2 – Exercícios e Treinamento Prático em Finais

Editor: Paulo André P. Marques
Produção Editorial: Dilene Sandes Pessanha
Capa: Daniel Jara
Diagramação: Daniel Jara
Copidesque: Ana Cristina Andrade dos Santos

FICHA CATALOGRÁFICA

BARROSO, João Rodrigues.

Como Aumentar a Força Enxadrística – Volume 2 – Exercícios e Treinamento Prático em Finais

Rio de Janeiro: Editora Ciência Moderna Ltda., 2017.

1. Xadrez
I — Título

ISBN: 978-85-399-0826-4 CDD 794.1

Editora Ciência Moderna Ltda.
R. Alice Figueiredo, 46 – Riachuelo
Rio de Janeiro, RJ – Brasil CEP: 20.950-150
Tel: (21) 2201-6662/ Fax: (21) 2201-6896
E-MAIL: LCM@LCM.COM.BR
WWW.LCM.COM.BR

01/17

Sobre Esta Obra

100 Diagramas para prática com tabuleiro configurado.
Respostas completas com comentários

O volume 1 desta Série "Como Aumentar a Força Enxadrística: Métodos, Técnicas e Foco Mental" expôs as teorias básicas dos temas aqui apresentados (exceto os temas de bispo e cavalos). Para discussões teóricas, leia o volume 1, que tem extensiva indicação de literatura extra para cada tópico.

Este volume 2 não discute teorias; ele apresenta diagramas para a prática em que o leitor deve encontrar o próximo lance ou todos os lances das finais. Assim como no volume 1, neste volume a ideia é a mesma: tabuleiro aberto, livro na mão, trabalho árduo.

Este é o volume 2 da série "Como Aumentar a Força Enxadrística", onde partidas reais são apresentadas a partir de um certo ponto para que o leitor possa praticar seguindo os passos dos Mestres do passado e do presente. A preocupção deste volume é possibilitar ao leitor o encontro de soluções sem ter que ler teoria. Todas as soluções são comentadas em detalhe, portanto, parte preciosa do aprendizado reside em se ler as soluções após tê-las tentado exaustivamente.

O livro tem duas partes distintas: na primeira parte (Parte "A") o treino é mais suave, ou seja, o leitor deve encontrar o primeiro lance. Assim como em uma partida real, encontrar o melhor lance é sempre chave para a vitória. Mas no final da parte "A" são apresentados diagramas dos dez melhores lances da história do xadrez, e o leitor deve também encontrá-los (por serem os melhores da história, não são tão óbvios, mas há algumas dicas). Todos os diagramas têm resposta no verso, inclusive com todos os lances que se seguiram, e o leitor deve, sim, reprisá-los com tabuleiro configurado. Não adivinhe o primeiro lance, realmente pense, explique e só depois de convencido da lógica de tal lance veja a resposta. Caso contrário, é tempo perdido.

Na segunda parte (chamada de Parte "B") encontram-se finais de vários tipos, comuns em campeonatos. Essas finais têm também solução detalhada no verso. O leitor, novamente, deve configurar o tabuleiro e procurar a solução antes de ver a resposta. Note que nesta segunda parte trata-se de acompanhar os lances feitos em partidas reais até a sua conclusão. Todas as partidas apresentadas foram jogadas por Mestres e Grandes-Mestres, portanto não há necessidade de se preocupar com lances muito melhores.

Ler os comentários junto com as respostas e cuidadosamente reprisar todos os lances das soluções, incluindo-se as continuidades indicadas, é exercício valioso ao entendimento e aprimoramento de cada uma das técnicas de finais apresentadas. Não deixe de fazê-los.

Aos amigos

David Mollish,
por tantas partidas e pela amizade;

Clyde Kapinos,
pelas partidas e humor único.

Notação Usada:

A notação usada é a americana.

(exemplo: "R" para Torre (em vez de "T") e K para Rei (em vez de "R"). Os lances são em notação tipo PGN.

O lance de peão: a3 (peão moveu-se de a2 para a3).
O lance de cavalo: N para cavalo, já que K é para o rei, assim Nd4 significa que o cavalo foi para d4.
O lance do rei tem a letra K (de King), da dama tem a letra Q (de Queen), da torre tem a letra R (de Rook).
O lance de bispo é como em português: Bb3 significa que o Bispo moveu-se para a casa b3.
Os símbolos:
+ indica xeque
= (por exemplo d8=Q) significa peão entra em d8 e é promovido à Dama.
significa xeque-mate.

QUANTO AOS DIAGRAMAS

Os diagramas estão numerados em ordem ascendente. A parte "A" do livro contém 34 exercícios cujos diagramas são numberados ascendentemente de 1 até 34. Nesses exercícios, o objetivo é encontrar o MELHOR lance. Note que após encontrar o melhor lance o leitor deve configurar o tabuleiro e reprisar TODOS os lances até a conclusão da partida (as respostas têm todos os lances até o final).

A segunda parte do livro, denominada Parte "B", contém finais cujos diagramas são numerados em ordem ascendente a partir do número 35. O objetivo desses exercícios é estudar e entender a sequência de lances que levou à vitória. Note que na base de cada imagem é possível ver o último lance feito, ou seja, o lance feito antes da foto do diagrama. Assim, o leitor irá tentar achar o lance seguinte. Por exemplo, se na base do diagrama o leitor vir 59...... Rc3 (note que os pontos indicam que o lance antes da foto foi de pretas com a torre indo para c3). Se o leitor vir 59. Rc3, então, o lance foi de brancas (note a ausência de reticências) com a torre indo para c3. A parte "B" está organizada por tipo de finais (rei e um peão, dama e um peão etc.). Todos os diagramas tanto da parte "A" (melhor lance) quanto da parte "B" (lances até a vitória) têm resposta no final do livro.

Diagramas 1 a 24: QUAL É O PRÓXIMO LANCE?

Partidas reais por Mestres e Grandes-Mestres. Os lances são geralmente óbvios e baseados em teorias enxadrísticas.

Diagramas 25 a 34: OS DEZ MELHORES LANCES JÁ FEITOS NO XADREZ

Qual é o próximo lance? Estes lances são inusitados.

Dagramas 35 a 100: QUAL É A SEQUÊNCIA COMPLETA? (sobretudo os cinco primeiros lances)

Partidas reais por Mestres e Grandes-Mestres. Os lances são baseados em teoria enxadrística, mas o objetivo é se entender a razão de cada lance. Esses 66 diagramas estão organizados por temas.

TODOS os diagramas apresentados contêm solução completa a partir do ponto de início até o final da partida, incluindo-se comentários do autor junto às respostas.

Como Praticar

Como um todo, o leitor deve reprisar todos os lances cuidadosamente lendo as respostas comentadas e seguindo as instruções ali dadas.

Para a parte "A", os primeiros 34 diagramas exigem que se encontre apenas o primeiro lance, mas que se reprise o restante da partida a partir deste lance usando as respostas no final do livro.

Os dez últimos diagramas da parte "A" (diagramas 25 a 34) ilustram "o melhor lance" da história do xadrez de acordo com o critério deste autor. O leitor deve também, assim como nos precedentes, encontrar o próximo lance e também reprisar o restante da partida. A diferença é que nestes dez diagramas o próximo lance é geralmente totalmente inusitado, altamente inesperado, e alguns dizem: lances de gênio.

Para a Parte "B" (diagramas 35 a 100), o leitor deve não apenas identificar o próximo lance, mas ainda encontrar vários lances seguintes ou pelo menos seriamente reprisar todos os lances restantes para identificar padrões de moviementação das peças. As soluções não são simples. Em muitos diagramas há dicas, porém o mais importante mesmo é o leitor reprisar todos os lances e refletir sobre as soluções comentadas no final da obra.

O leitor não deve ter pressa em ver a solução. Ele deve pensar e movimentar as peças já no tabuleiro configurado. Se preciso, pense por um dia e veja a solução no dia seguinte. Quanto mais o leitor pensar no lance e suas consequências, maior será o aumento da sua força enxadrística. O tempo dedicado a isso é crítico e essencial para o desenvolvimento enxadrístico. Um livrinho ("O Pequeno Príncipe") publicado há quase duzentos anos dizia "A importância da flor depende do tempo a ela dedicado". Assim também o é no xadrez.

Sumário

PARTE A

Exercícios Táticos

PARTE B

Exercícios de Finais por Tipo

PARTE A

Exercícios Táticos

Encontre o próximo lance

Soluções completas no final do livro.
Confira a resposta.
Reprise todos os lances até o final da partida com tabuleiro configurado.

Diagrama 1

PRETAS movem. Qual é o lance?

Brancas: Lev Polugaevsky

Pretas: Vassily Ivanchuk

Local: Rocabruna, Itália, 1992.

Diagrama 2

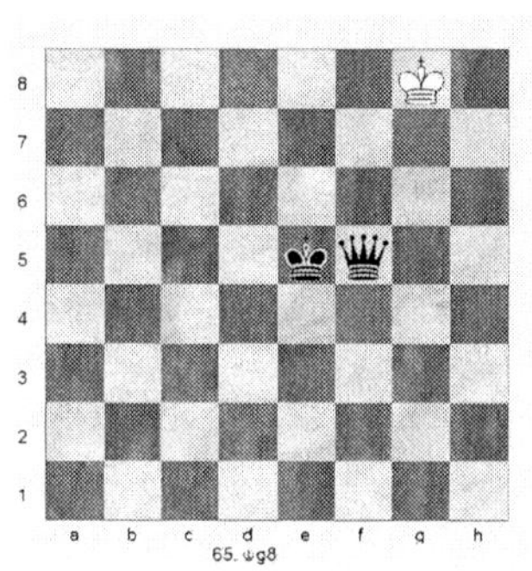

PRETAS movem. Dama ou rei?

Brancas: Bent Larsen

Pretas: Vassily Ivanchuk

Local: Rocabruna, Itália, 1992.

Diagrama 3

PRETAS movem. Torre ou Rei?

Brancas: Igor Stohl

Pretas: Viktor Korchnoi

Local: Tilburg, Holanda, 1993.

Diagrama 4

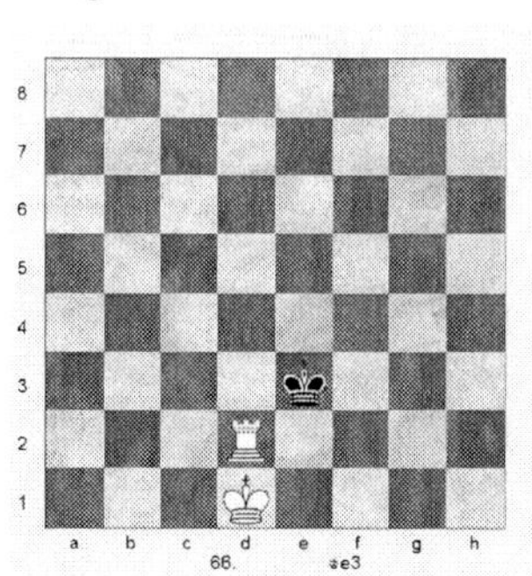

Brancas movem.

Brancas: Yasser Seirawan

Pretas: Ediwan E. Miolo

Local: Surakarta, Indonésia, 1983.

Diagrama 5

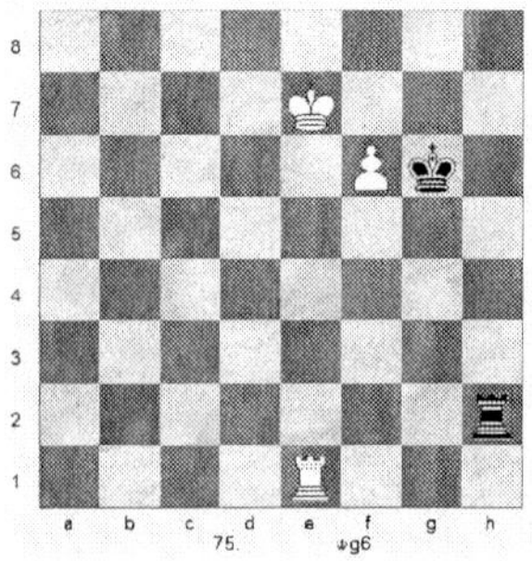

Brancas movem. Poderiam brancas jogar peão e7?
Brancas: Alexander Grischuk
Pretas: Mikhail Gurevich
Local: Cannes, França, 2001.

Diagrama 6

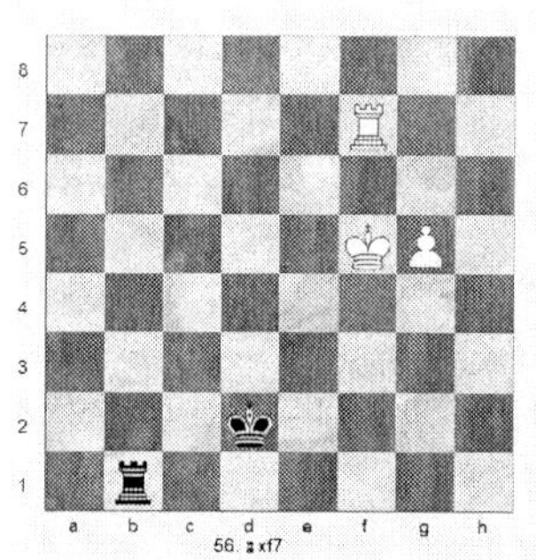

PRETAS movem. Conseguem Brancas promover?
Brancas: Jonathan Speelman
Pretas: Michael Wilder
Local: Inglaterra, 1988.

Diagrama 7

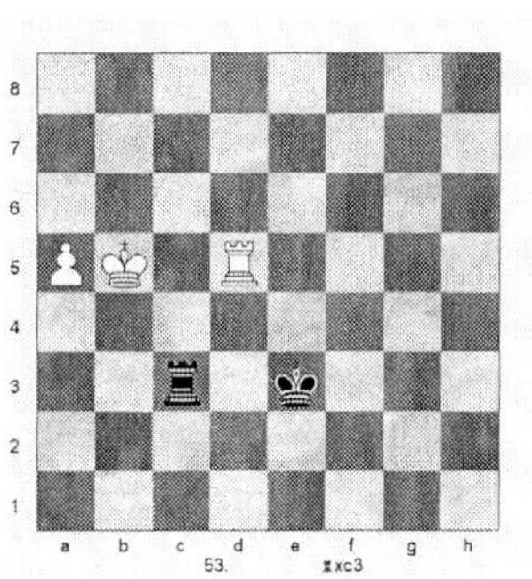

Brancas movem.
Brancas: Peter L. Coleman
Pretas: Unes Hassim
Local: Correspondência, 1996.

Diagrama 8

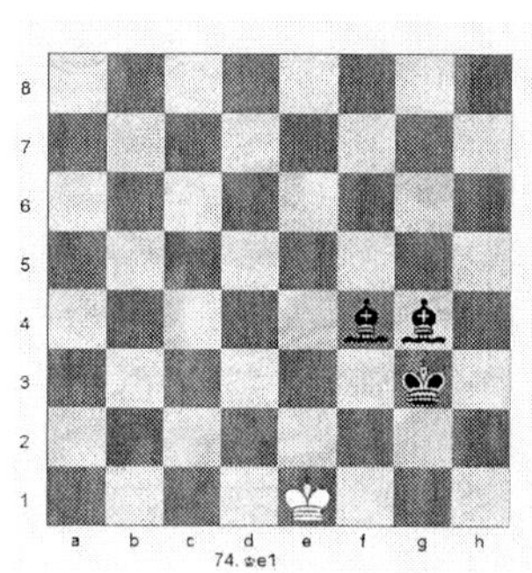

PRETAS movem.
Brancas: Nicollo Ronchetti
Pretas: Sabino Brunello
Local: Montecatini Terme, Itália, 2006.

Diagrama 9

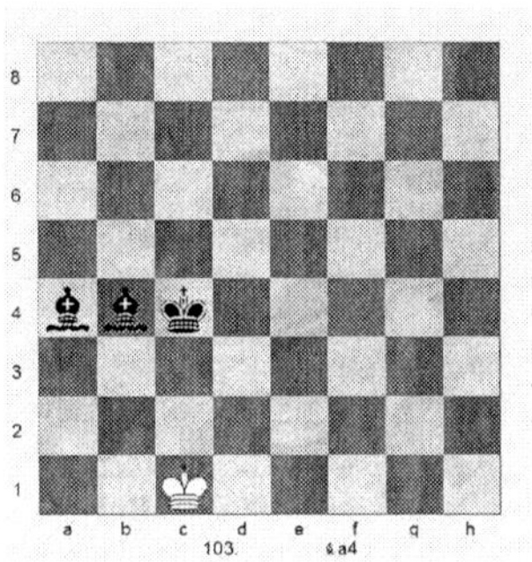

Brancas movem.
Brancas: Alex Moreto Quintana
Pretas: Barbera Del Valles
Local: Zeinab Mamedjarova.

Diagrama 10

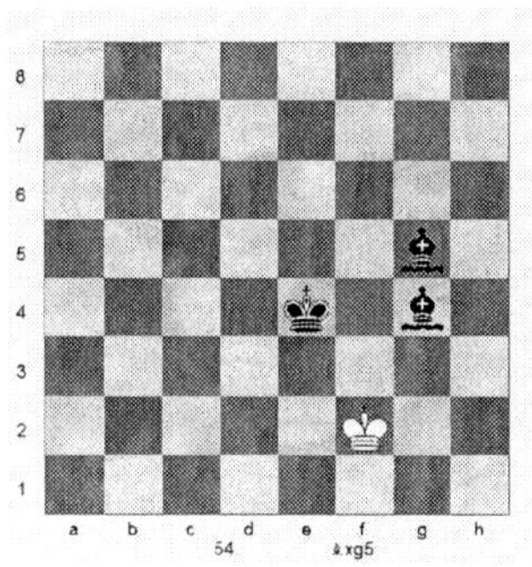

Brancas movem.
Brancas: Kestutis Labeckas
Pretas: Petr Kostenko
Local: Istambul, Turquia, 2012.

Diagrama 11

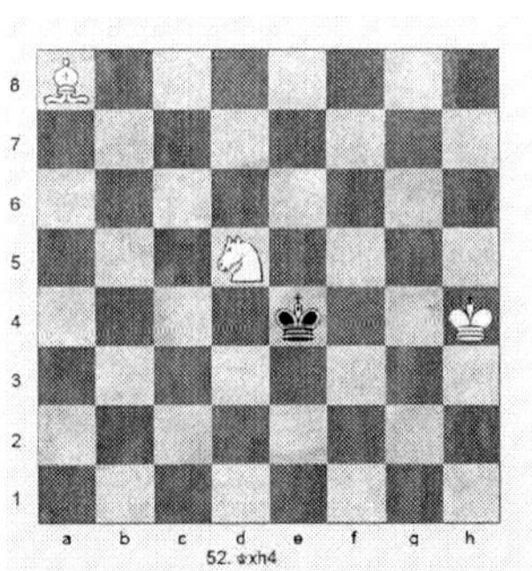

PRETAS movem. Qual é a ideia principal de pretas?
Brancas: Juri Randviir
Pretas: Yakov Estrin
Local: Leningrado, Rússia, 1949.

Diagrama 12

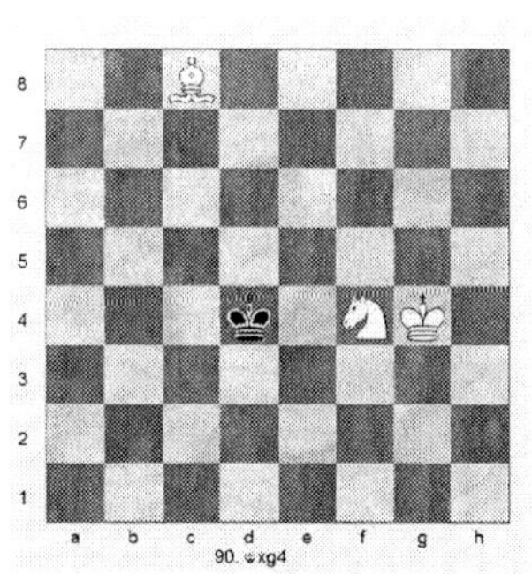

PRETAS movem.
Brancas: Rafael Vaganian
Pretas: John Nunn
Local: Reikjavik, Islândia, 1990.

Diagrama 13

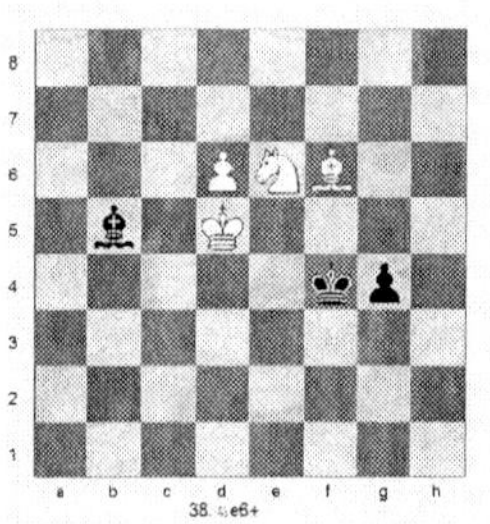

PRETAS movem. O rei preto está em xeque. Pergunta-se:

1) Será o peão branco promovido?

2) Pode o rei preto ir para f3 neste lance?

Brancas:

Pretas:

Local:

Diagrama 14

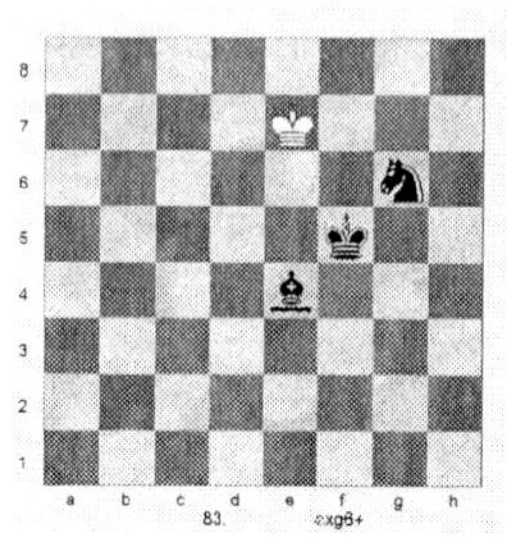

Brancas movem. Qual seria o lado mais lógico para o rei branco fugir? Note-se: esta final foi jogada a olhos vedados (Campeonato Monaco Amber de Xadrez Vedado).

Brancas: Ljubomir Ljubojevic

Pretas: Judit Polgar

Local: Campeonato VEDADO de Monaco, 1994.

Diagrama 15

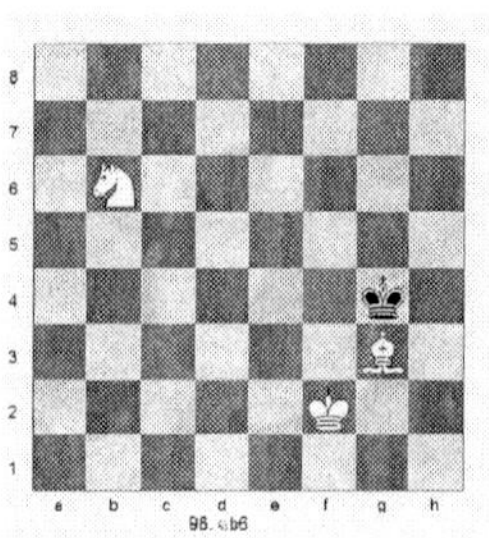

PRETAS movem.

Qual é o plano geral maior de pretas?

Brancas: Arshak B. Petrosian

Pretas: Evgeny Vasiukov

Local: Yerevan, Armênia, 1976.

Diagrama 16

Brancas movem. Por que o rei branco não foge para o alto do tabuleiro?

Brancas: Benjamin Finegold

Pretas: Alexander Shabalov

Local: Saint Louis, USA, 2011

Diagrama 17

PRETAS movem. Por que pretas ousaram fazer o próximo lance?
Brancas: Irina Semenova
Pretas: Illia Jiushenok
Local: Sao Peterburgo, Rússia.

Diagrama 18

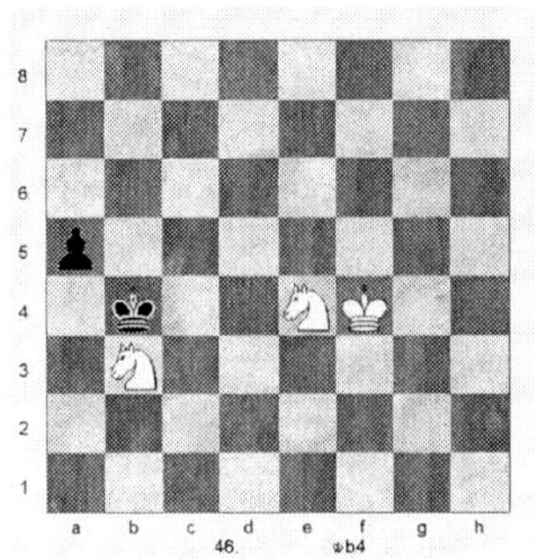

Brancas movem.
Porque o rei entregou o peão preto?
Qual o resultado se o rei preto se recusar a promover?
Brancas: Karl Friedrich Von Jaenisch
Pretas: Ilya Shumov
Local: talvez Alemanha, 1854

Diagrama 19

Brancas movem.
Brancas: Maria Machalova
Pretas: Dronavalli Harika
Local: Beijing, China, 2008.

Diagrama 20

Brancas movem. Erro de brancas, maginífica finalização de pretas.
Brancas: Bjarki Analdarsson
Pretas: Oskar Vikingur Davidsson
Local: Reykjavic, Islândia, 2014.

Diagrama 21

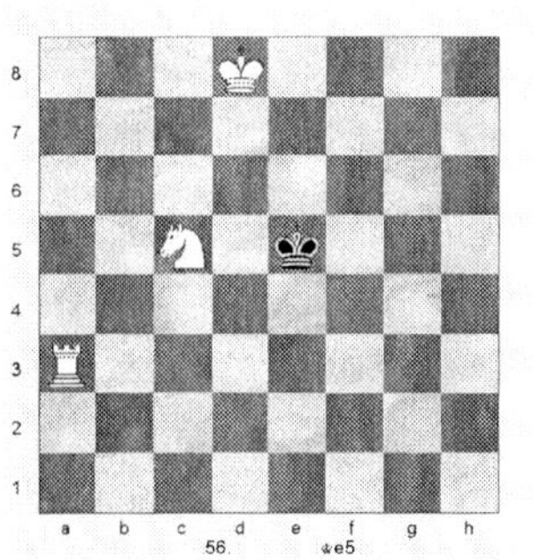

Brancas movem.
Brancas: Hub
Pretas: Koch
Local: Ufr Masters II, 1987.

Diagrama 22

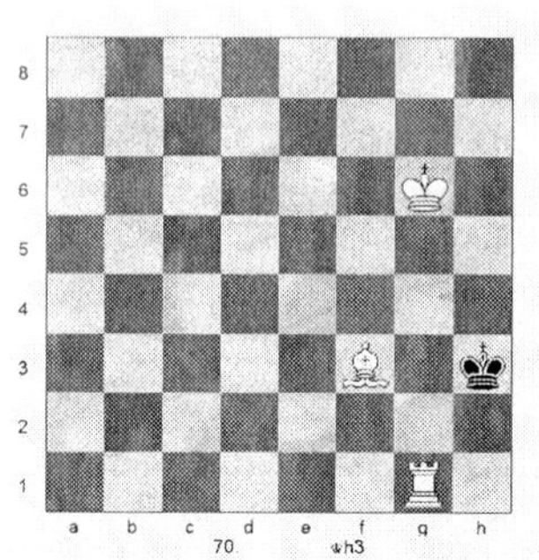

Brancas movem. Se brancas derem xeque com a torre, o rei preto escapa!
Brancas: Li Jiajing
Pretas: Dong Mo
Local: Suzhou, Jiangsu, China, 2001.

Diagrama 23

PRETAS movem.
Brancas: Gambit Tiger
Pretas: Gandalf
Local: Campeonato Mundial de xadrez por computadores, Cadaques, Espanha, 2001.

Diagrama 24

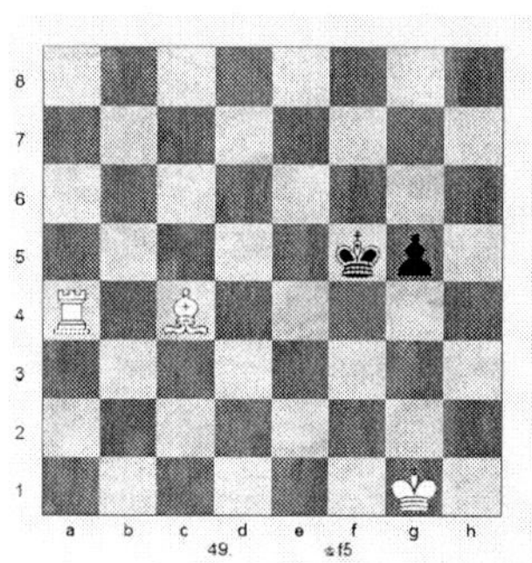

PRETAS movem.
Brancas: Osborne
Pretas: W. Willis
Local: Springfield, Missouri, Estados Unidos, 1990.

Encontre o lance de gênio!

Os 10 melhores lances já feitos na história do xadrez

Diagrama 25

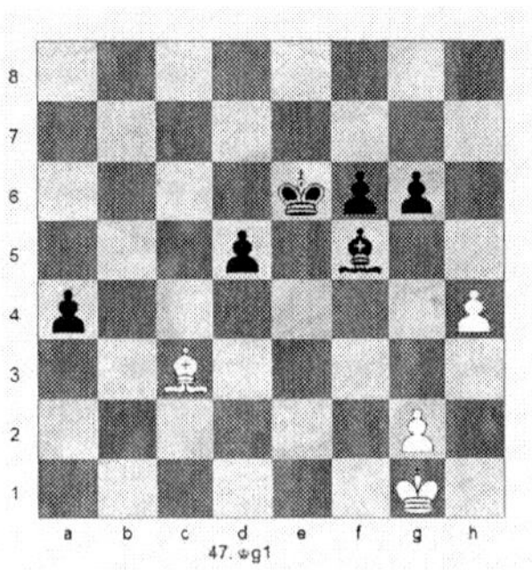

PRETAS movem. Criatividade ou visão insana?
Brancas: Topalov
Pretas: Shirov
Local: Linares, 1998.

Diagrama 26

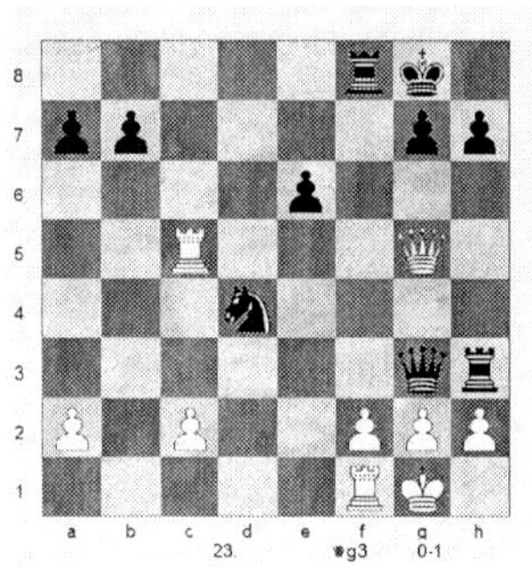

Brancas movem. Dica: brancas desistiram por quê?
Brancas: Stephan Levitsky
Pretas: Frank James Marhall
Local:.Breslau, Alemanha, 1912.

Diagrama 27

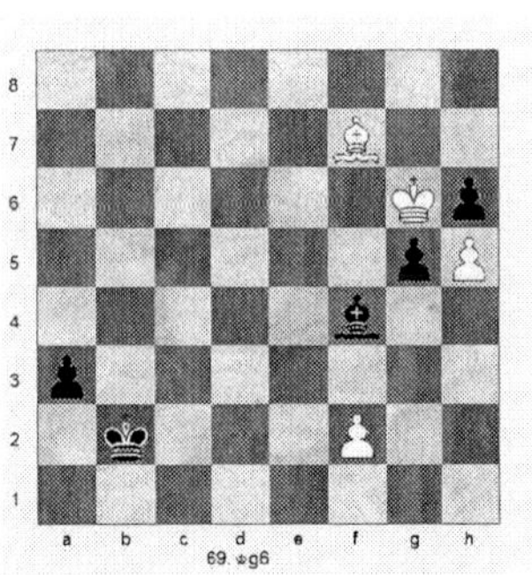

PRETAS movem. Dica: o lance é do bispo!
Brancas: Owen M. Hindle
Pretas: Guenter Moehing
Local: Tel Aviv, 1964.

Diagrama 28

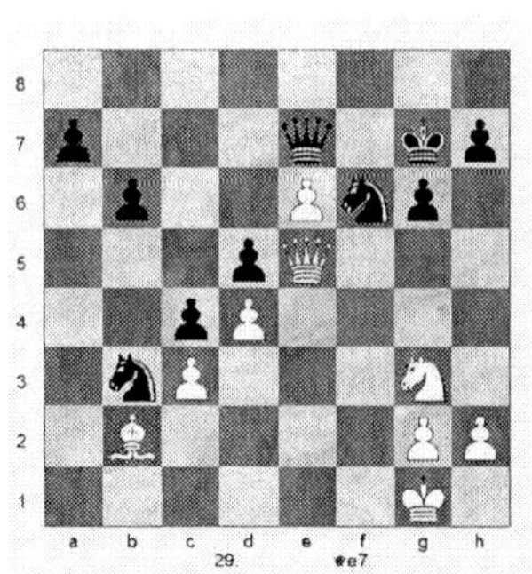

Brancas movem. Dica: o lance não é o cavalo!
Brancas: Raul Capablanca
Pretas: Mikhail Botvinnik
Local: Holanda, 1938.

Diagrama 29

Brancas movem. O lance leva à vitória de brancas!
Brancas: Lev Alburt
Pretas: Constantin Zaivelevich Lerner
Local: Kiev, 1978.

Diagrama 30

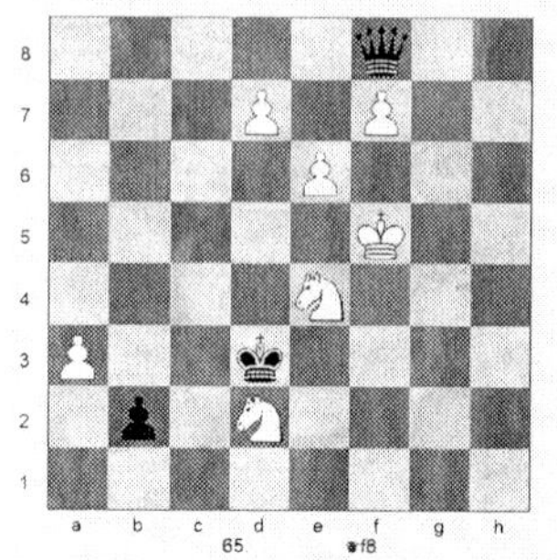

Brancas movem.
Brancas: David Janowki
Pretas: Edward Lasker
Local: Nova Iorque, 1924.

Diagrama 31

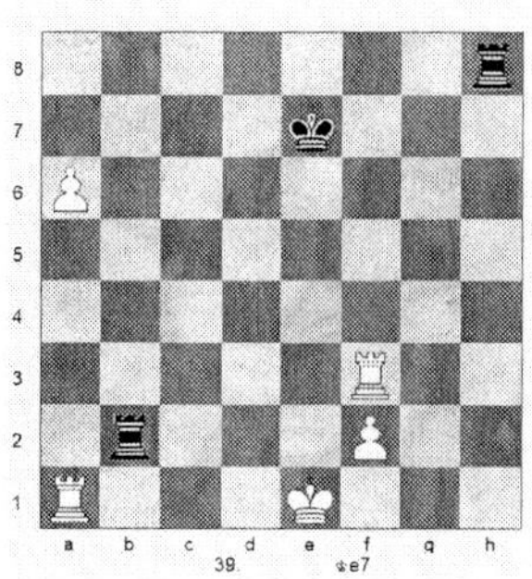

Brancas movem.
Brancas: Viktors Pupols
Pretas: Jerald Meyers
Local: Lone Pine, 1976.

Diagrama 32

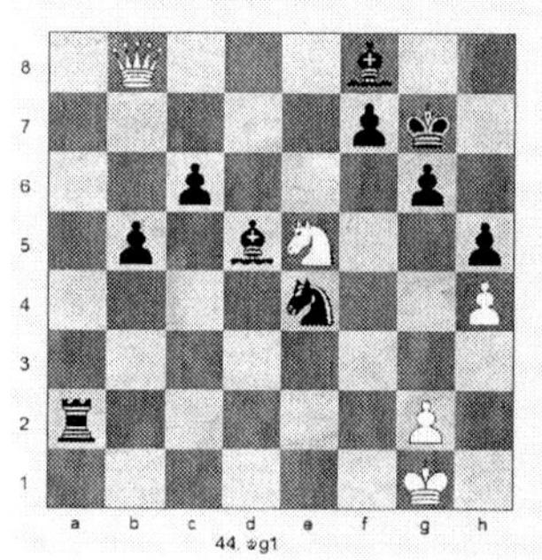

PRETAS movem.
Brancas: Donald Byrne
Pretas: Bobby Fischer
Local: Nova Iorque, 1956.

Diagrama 33

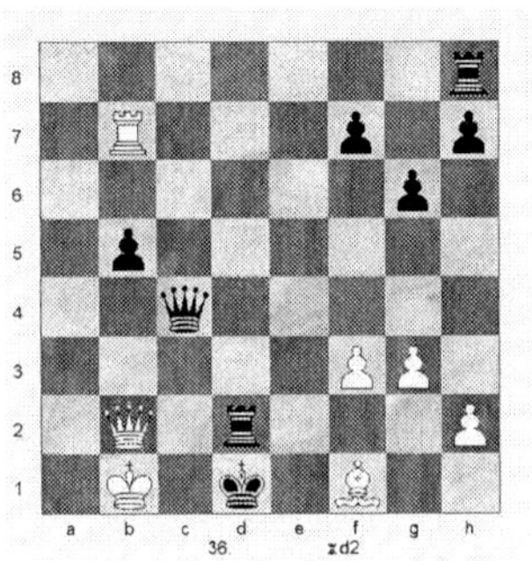

Brancas movem. Dica: o lance não é de peão.
Brancas: Gary Kasparov
Pretas: Vaselin Topalov
Local: Holanda, 1999

Diagrama 34

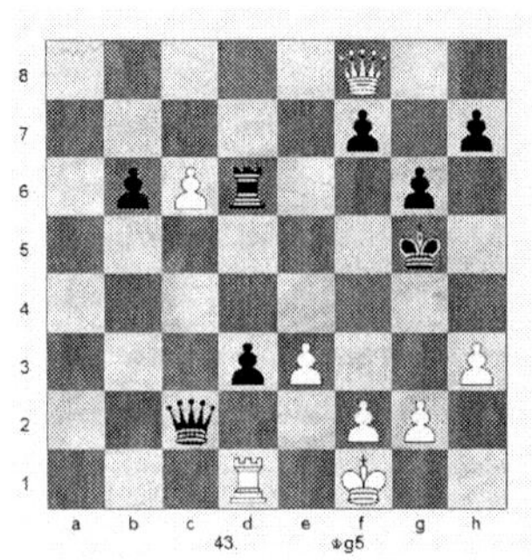

Brancas movem. Dica: brancas não movem peões.
Brancas: Denis Khismatullin
Pretas: Pavel Eljanov
Local:.Campeonato Europeu 2015, Jerusalém.

PARTE B

Exercícios de Finais por Tipo

Diagrama 35

Resultado: Brancas ○ Pretas ○
Empate ○

Brancas movem.
Brancas: Pierre Charles Fournier de Saint Amant
Pretas: Howard Staunton
Local: Paris, 1843.

Diagrama 36

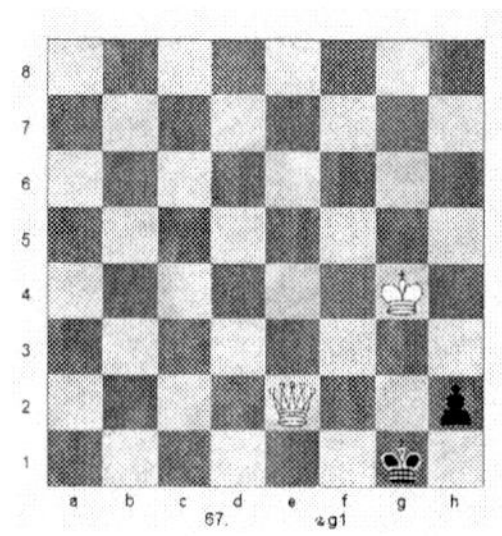

Resultado: Brancas ○ Pretas ○
Empate ○

Brancas movem. Cuidado!
Brancas: Adolf Zytogorski
Pretas: Thomas Wilson Barnes
Local: Londres, 1855.

Diagrama 37

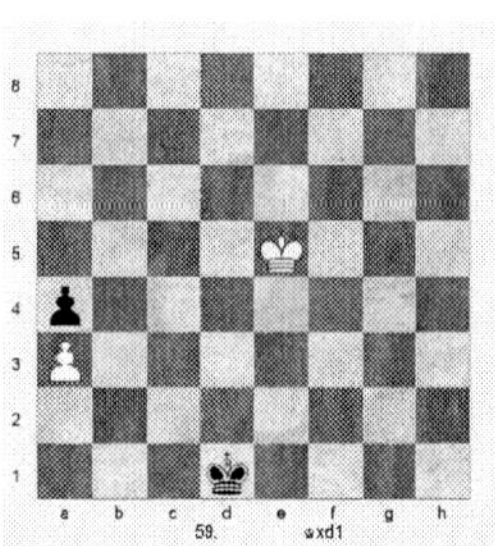

Resultado: Brancas ○ Pretas ○
Empate ○

Brancas movem. Cuidado, pretas!
Brancas: Alexander Wittek
Pretas: Henry Edward Bird
Local: Vienna, 1882

Diagrama 38

Resultado: Brancas ○ Pretas ○
Empate ○

Brancas movem.
Brancas: David Janowski
Pretas: Jacques Mieses
Local: Paris, 1895

Diagrama 39

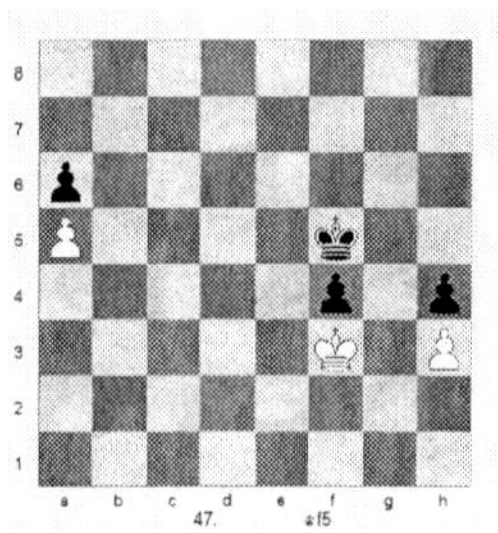

Resultado: Brancas ○ Pretas ○
Empate ○

Brancas movem. Qual dos peões irá promover?
Por que no lance 58 o rei foi para g6?
Brancas: Harry Nelson Pillsbury
Pretas: Karl August Walbrodt
Local: Nurember, 1896.

Diagrama 40

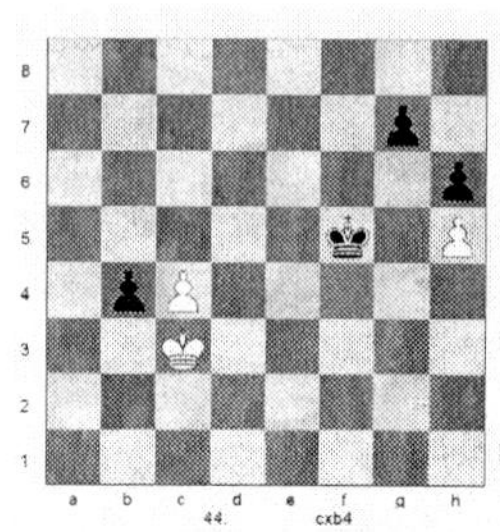

Resultado: Brancas ○ Pretas ○
Empate ○

Brancas movem.
Brancas: David Janowski
Pretas: Amos Burn
Local: Vienna, 1898

Diagrama 41

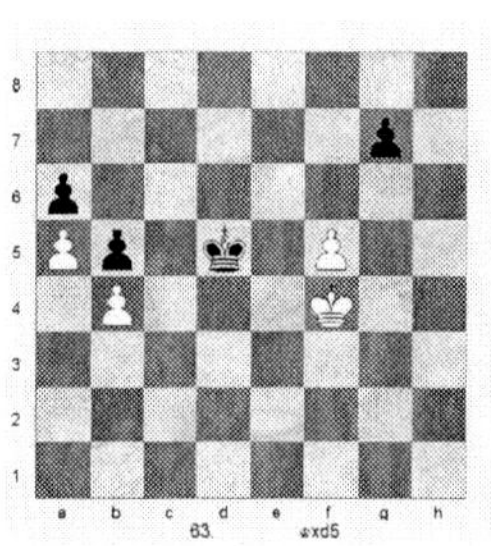

Resultado: Brancas ○ Pretas ○
Empate ○

Brancas movem. Dezoito lances.
Resultado? Brancas: Akiba Rubinstein
Pretas: Manuel Golmayo de la Torriente
Local: Praga, 1931.

Diagrama 42

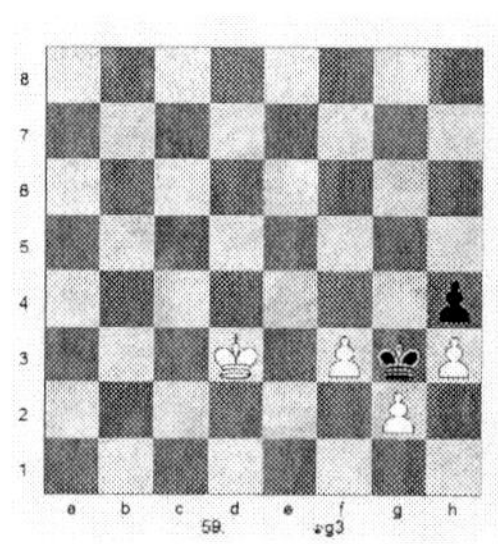

Resultado: Brancas ○ Pretas ○
Empate ○

Brancas movem.
Brancas: Grigory Ivanovich Ravinsky
Pretas: Vasily Smyslov
Local: Moscou, 1946.

Diagrama 43

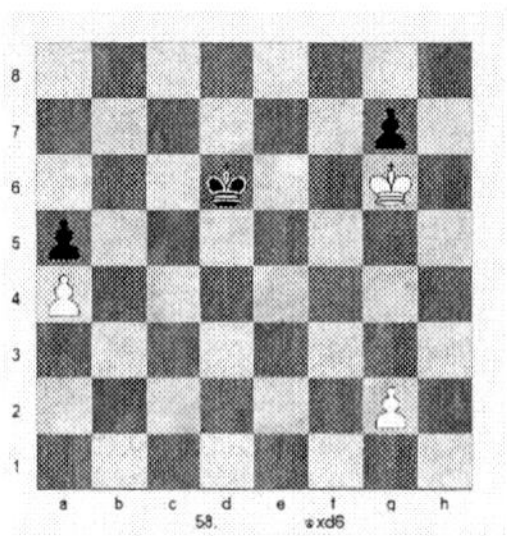

Resultado: Brancas ○ Pretas ○ Empate ○

Brancas movem.
Brancas: James Tarjan
Pretas: Arnold Denker
Local: Lone Pine, California, 1977

Diagrama 44

Resultado: Brancas ○ Pretas ○ Empate ○

Brancas movem.
Brancas: Viswanathan Anand
Pretas: Praveen MahadeoThipsay
Local: Coimbatore, 1987.

Diagrama 45

Resultado: Brancas ○ Pretas ○ Empate ○

PRETAS movem. Lance decisivo do peão preto?
Brancas: Eugênio Torre
Pretas: Xu Jun
Local: Manila, 1989.

Diagrama 46

Resultado: Brancas ○ Pretas ○ Empate ○

Brancas movem. Zugwang em 8 lances.
Brancas: Andrew Beaver
Pretas: Kevin Burnett
Local: Dearborn, Michigan, 1992.

Diagrama 47

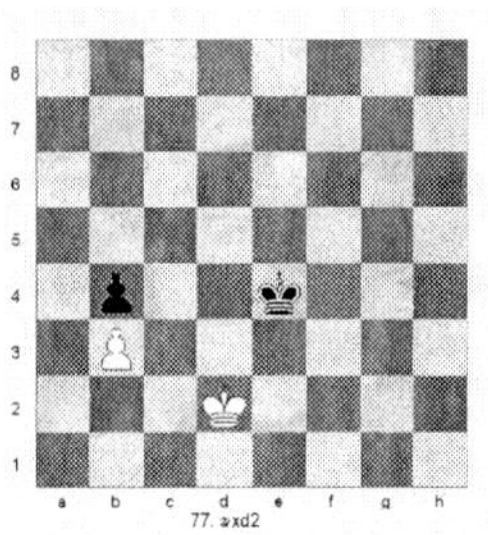

Resultado: Brancas ○ Pretas ○
Empate ○

PRETAS movem. Linda dança dos reis em 8 lances!

Brancas: Van der Plas

Pretas: Gerard Welling

Local: Bassum, Alemanha, 1994.

Diagrama 48

Resultado: Brancas ○ Pretas ○
Empate ○

PRETAS movem. Primeiro lance de pretas?

Brancas: Gerald Hertneck

Pretas: Georg Mohr

Local: Austria, 1999.

Diagrama 49

Resultado: Brancas ○ Pretas ○
Empate ○

PRETAS movem. Não quer, depois quer o empate!

Brancas: Robert Astrom

Pretas: Yury Shulman

Local: Suécia, 1999

Diagrama 50

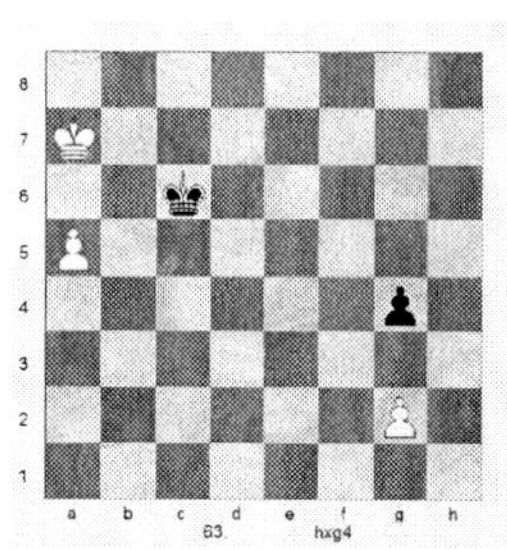

Resultado: Brancas ○ Pretas ○
Empate ○

Brancas movem. O que acontece se brancas 1. g3?

Brancas: Leonid Gavirish

Pretas: Oleg Yourchenko

Local: Rússia, 2000.

Diagrama 51

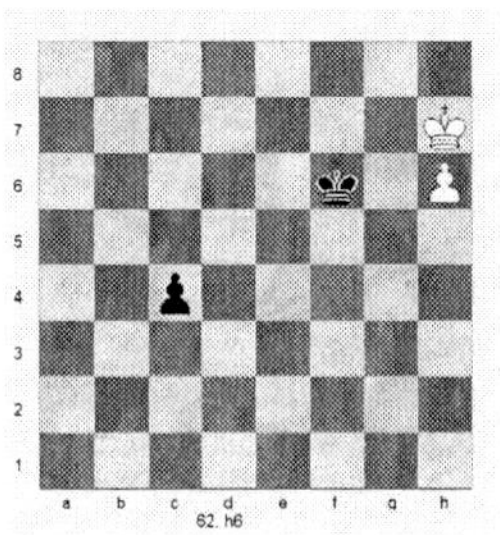

Resultado: Brancas ○ Pretas ○
Empate ○

PRETAS movem. O que acontece se pretas: 1....c3?

Brancas: Michal Krasenkow
Pretas: Bartolomiej Barcieja
Local: Nova Deli, India, 2000.

Diagrama 52

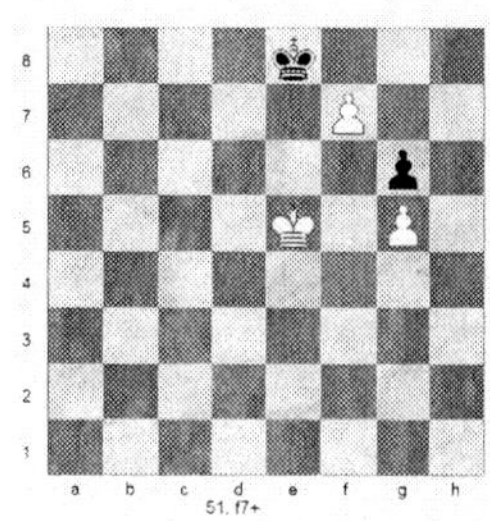

Resultado: Brancas ○ Pretas ○
Empate ○

PRETAS movem. Qual o lance se pretas 1....Kxf7?

Brancas: Dimitri Komarov
Pretas: Youssef M. El Gazhali
Local: Cairo, Egito, 2001.

Diagrama 53

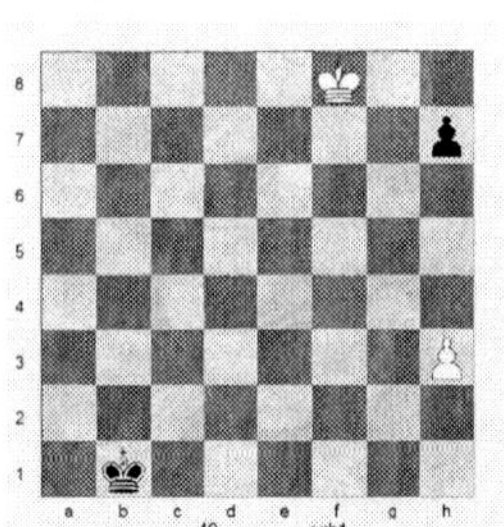

Resultado: Brancas ○ Pretas ○
Empate ○

Brancas movem.

Brancas: Thierry Levers
Pretas: Slavissa Perric
Local: Foumies, França, 2001.

Diagrama 54

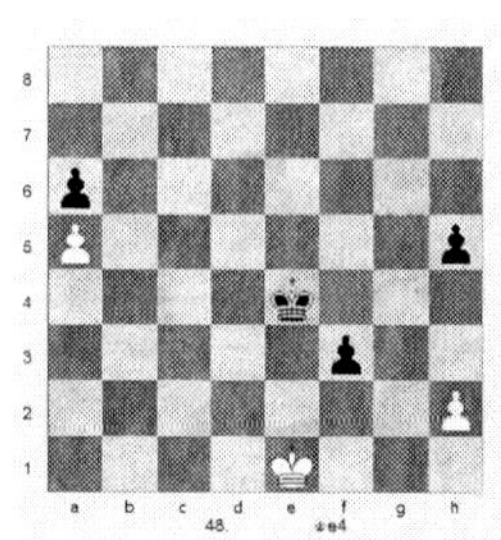

Resultado: Brancas ○ Pretas ○
Empate ○

Brancas movem. Olhe o canto onde peões promovem!

Brancas: Ludger Lautenschuetz
Pretas: Christina Heckoetter
Local: Reclinghousen, Alemanha, 2001.

Parte 2: Dama Contra Peões

Diagrama 55

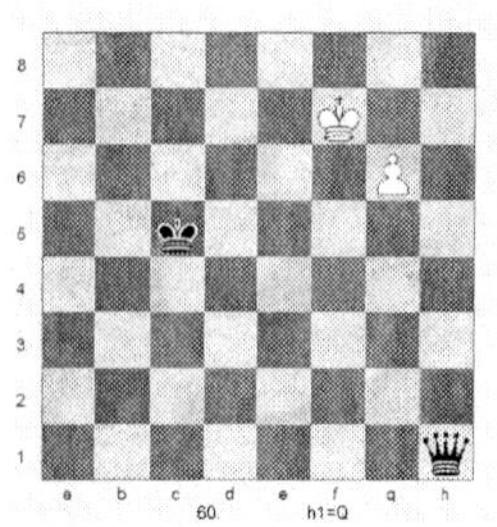

Brancas movem. Descreva para si mesmo: qual é a técnica de pretas para dar o mate sem permitir a promoção? Vez de brancas.
Brancas: Howard Staunton
Pretas: Elijah Williams
Local: Londres, 1851

Diagrama 56

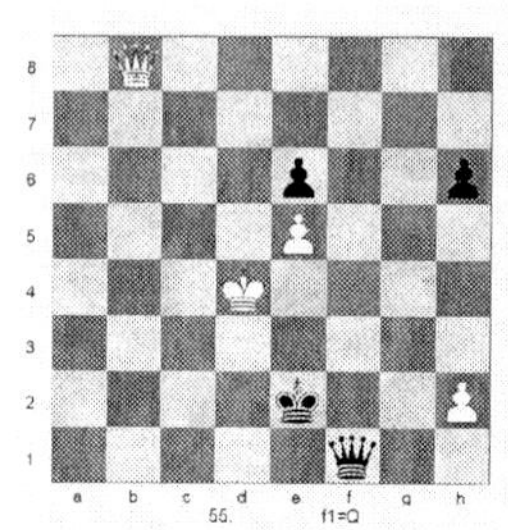

Brancas movem.
1. Porque 57. Qxf1+ ?
2. Porque 59. Kc5?
Brancas: Adolf Zytogorski
Pretas: Thomas Wilson Barnes
Local: Londres, 1855.

Diagrama 57

PRETAS movem.
A vez é de pretas: qual o lance da dama que praticamente vence sem maiores necessidades?
Brancas: Joseph Henry Blackbourne
Pretas: Nicholas MacLeod
Local: Nova Iorque, 1889

Diagrama 58

PRETAS movem.
Perfeita técnica de lances com o rei preto.
Brancas: Gabriel Wood
Pretas: Willem Jan Muhring
Local: Londres, 1948.

Diagrama 59

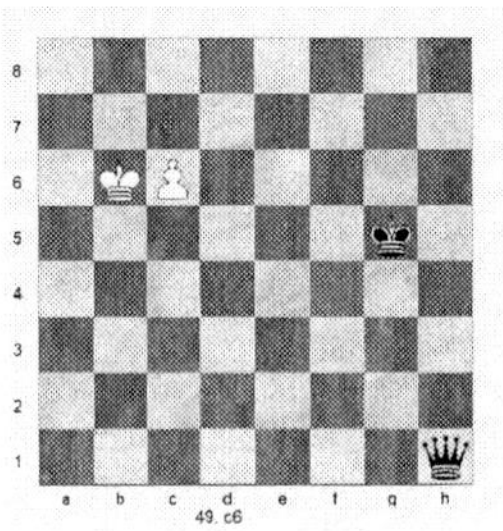

PRETAS movem. Qual é a sequência mais eficiente?
Brancas: Chubinizde
Pretas: Varlam Vepkhvishvilli
Local: Tbilisi, país Georgia, 1966

Diagrama 60

Brancas movem. O que o rei branco está evitando?
Como pretas, evita o empate.
Brancas: Jose Soares Masculo
Pretas: Artur Yusupov
Local: Innsbruck, Áustria, 1977

Diagrama 61

PRETAS movem. Papel da dama: forçar o rei na frente do peão.
Brancas: Andres Rodrigues Vila
Pretas: Alejandro Adrian Riline Orso
Local: 1991, Guarapuava, Paraná.

Diagrama 62

Brancas movem. A partida concluiu-se aqui com vitória de pretas. Se brancas promovessem a Cavalo no próximo lance, o que pretas fariam para vencer com eficiência?
Brancas: Emilijo Fucak
Pretas: Vasick G. Vajlich
Local: Hungria, 2001.

Parte 3: Dama e Peão Contra Dama

Diagrama 63

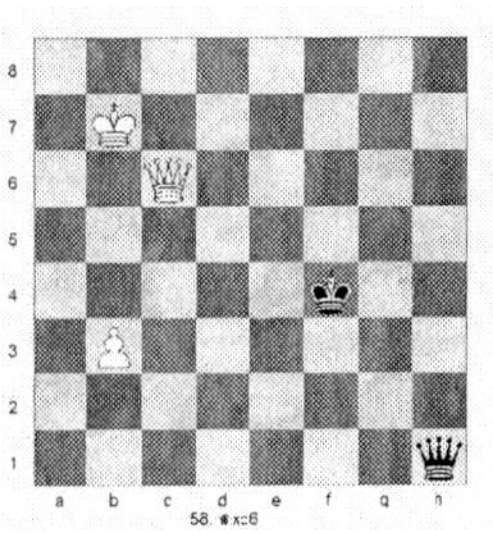

Resultado: Brancas ○ Pretas ○
Empate ○

PRETAS movem.
Brancas: Daniel Harwitz
Pretas: Elijah Williams
Local: Londres, 1852

Diagrama 64

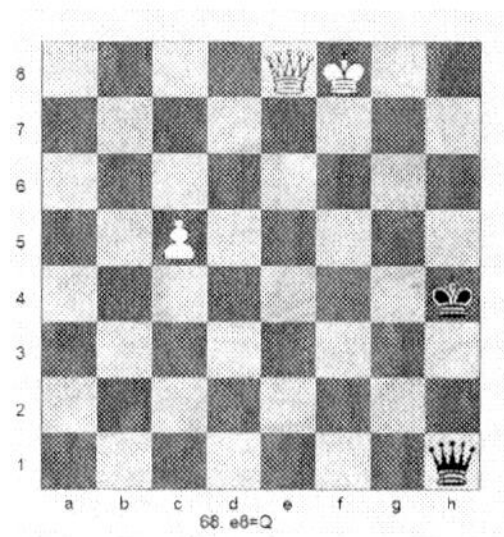

Resultado: Brancas ○ Pretas ○
Empate ○

PRETAS movem. Observe a técnica dos xeques.
Brancas: Simon Winawer
Pretas: Henry Edward Bird
Local: Viena, Áustria, 1882

Diagrama 65

Resultado: Brancas ○ Pretas ○
Empate ○

Brancas movem.
Brancas: Adolf Albin
Pretas: Jean Taulbenhauss
Local: Paris, 1901.

Diagrama 66

Resultado: Brancas ○ Pretas ○
Empate ○

PRETAS movem.
Brancas: Georg Salwe
Pretas: Akiba Rubenstein
Local: Bad Pistyan, Checoslovaquia, 1912.

Parte 4: Torre Contra Peão

Diagrama 67

Resultado: Brancas ○ Pretas ○ Empate ○

PRETAS movem.

Brancas: Alexander Alekhine

Pretas: Efim Bogoljubov

Local: Alemanha, 1929.

Diagrama 68

Resultado: Brancas ○ Pretas ○ Empate ○

Brancas movem.

Brancas: Aristide Gomer

Pretas: Vladimir Petrov

Local: Praga, 1931.

Diagrama 69

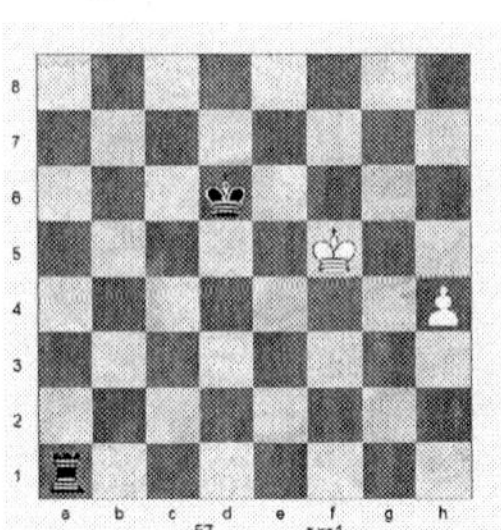

Resultado: Brancas ○ Pretas ○ Empate ○

Brancas movem.

Brancas: Utut Adianto

Pretas: Garry Kasparov

Local: Batumi, país da Georgia, 2001.

Diagrama 70

Resultado: Brancas ○ Pretas ○ Empate ○

PRETAS movem.

Brancas: Pavel Eljanov

Pretas: Judit Polgar

Local: Rússia, 2010.

Parte 5: Torre Contra Dois Peões

Diagrama 71

Resultado: Brancas ○ Pretas ○
Empate ○

PRETAS movem.
Brancas: William Henry Krause Pollock
Pretas: Jacques Mieses
Local: Hastings, Inglaterra, 1895.

Diagrama 72

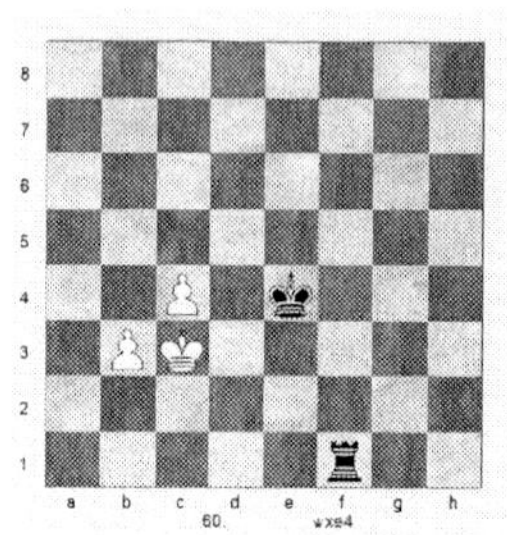

Resultado: Brancas ○ Pretas ○
Empate ○

Brancas movem.
Brancas: Alexander Halprin
Pretas: Mikhail Chigorin
Local: Viena, Áustria, 1898.

Diagrama 73

Resultado: Brancas ○ Pretas ○
Empate ○

PRETAS movem.
Brancas: nome não foi documentado
Pretas: Clyde Kapinos de Pittsburgh
Local: New York Open, Penta Hotel, Domingo de Páscoa, anos 70 (informações dadas por Clyde).

Diagrama 74

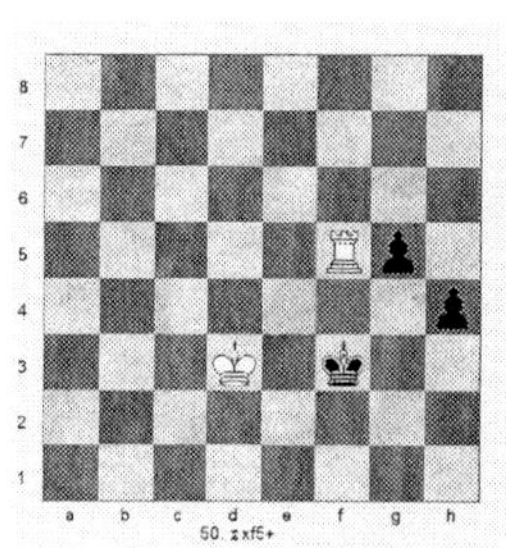

Resultado: Brancas ○ Pretas ○
Empate ○

PRETAS movem.
Brancas: Anna Muzychuk
Pretas: Tatiana Kosintseva
Local: Ankara, Turquia, 2012.

Parte 6: Torre e Peão Contra Torre

Diagrama 75

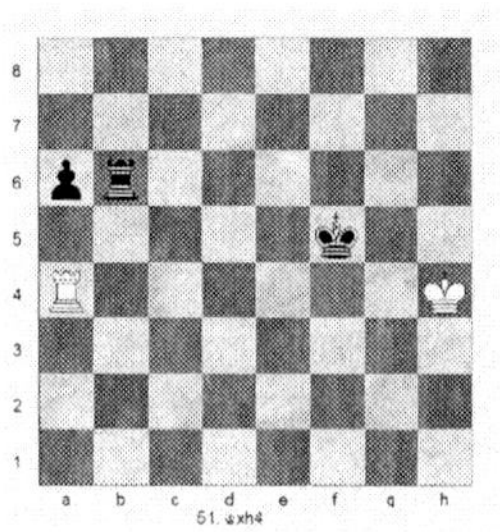

Teoria: dois peões (das duas beiras): atacante não vence. Como pretas devem proceder, então?
PRETAS movem.
Brancas: Johannes Zukertort
Pretas: Wilhelm Steinitz
Local: Londres, 1872.

Diagrama 76

Brancas movem.
Que tal f5+? ou Re5+?
Brancas: Carl Schelechter
Pretas: Siegbert Tarrasch
Local: Cologne, Alemanha, 1911.

Diagrama 77

PRETAS movem.
Brancas: Bertrand Valuet
Pretas: Mikhail Gurevich
Local:Cappelle la Grande, França, 2010.

Diagrama 78

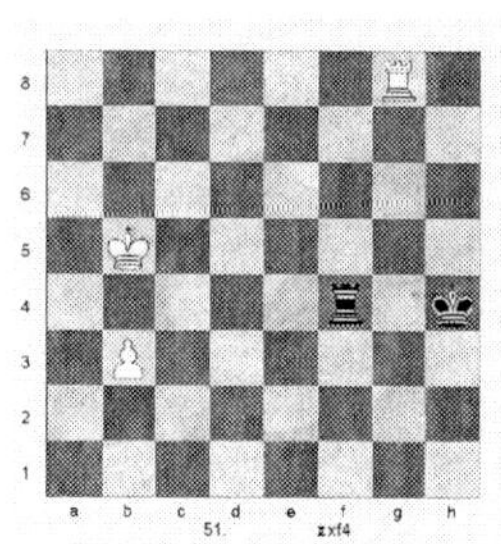

Brancas movem.
Brancas: Alexandra Kosteniuk
Pretas: Nana Dzagnidze
Local: Khanty-Mansiysk, Rússia, Campeonato Mundial Feminino de Xadrez Rápido, 2014.

Parte 7: Torre e Peão Contra Cavalo

Diagrama 79

PRETAS movem.
Brancas: Pierre Charles Fournier de Saint Amant
Pretas: Howard Stauton
Local: Paris, 1843.

Diagrama 80

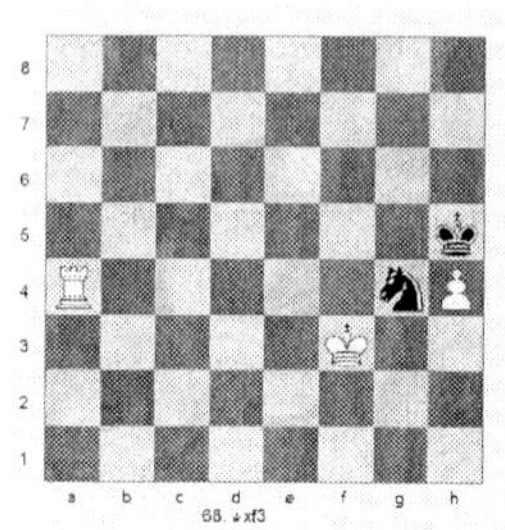

PRETAS movem.
Brancas: Paul Keres
Pretas: Grigory Levenfish
Local: Moscou, 1940.

Diagrama 81

Brancas movem. Nesta posição, qual é o lance mais lógico para brancas?
Brancas: Bu Xiangzi
Pretas: Yuri Drozdovskij
Local: Beijing, China, 2008.

Diagrama 82

Brancas movem.
Brancas: Magnus Carlsen
Pretas: Viwanathan Anad
Local: Campeonato Mundial de Xadrez Relâmpago, Dubai, 2014.

Parte 8: Torre e Peão Contra Bispo

Com os peões da beira ("a" ou "h"), o lado com a torre vence. Com o peão do bispo ("c" ou "f"), empate.
Para o segundo caso, pesquise a partida entre Miladinovic contra Beliavsky, 2001, e reprise os lances 99 até 127.

Diagrama 83

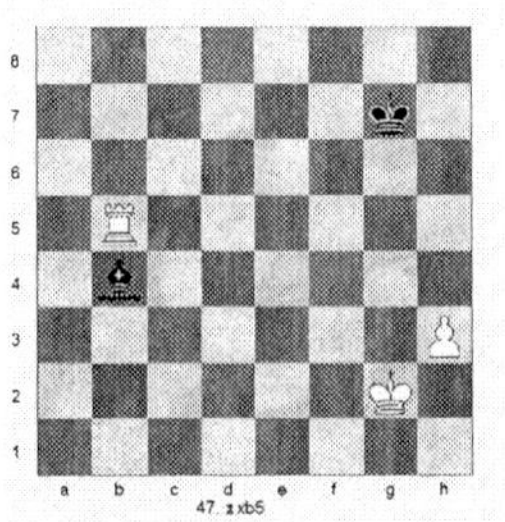

PRETAS movem.
Brancas: Willem BarendHendrickMeiners
Pretas: Wilhelm Schwan
Local: Amisterdã, Holanda, 1899.

Diagrama 84

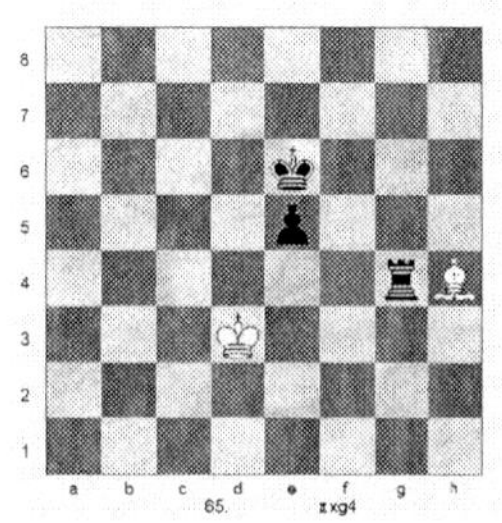

Brancas movem.
Brancas: Richard Reti
Pretas: Efim Bogoljubov
Local: Bad Kassingen, Alemanha, 1928.

Diagrama 85

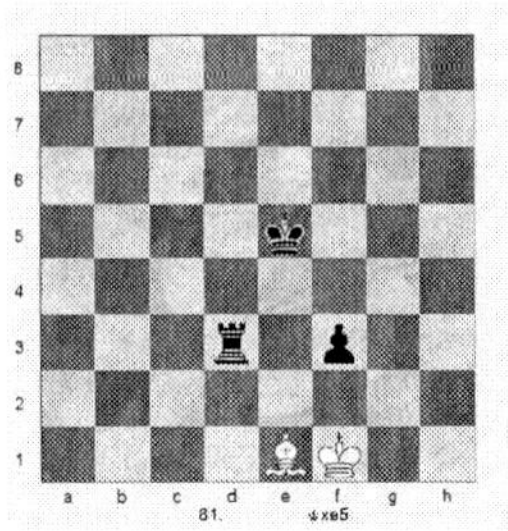

Brancas movem.
Brancas: Csaba Balogh
Pretas: Hiraku Nakamura
Local:Budapeste, Hungria, 2000.

Diagrama 86

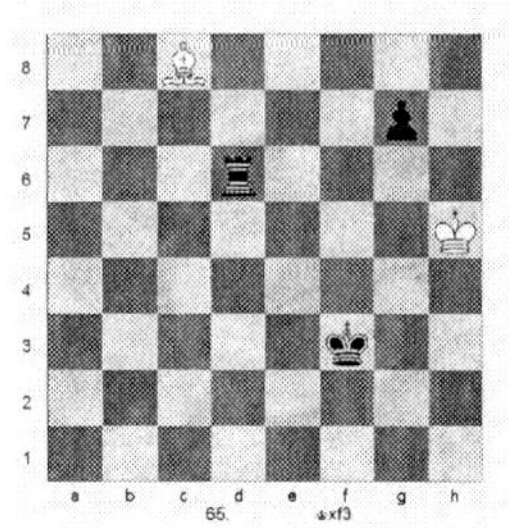

Brancas movem.
Brancas: Antoaneta Stefanova
Pretas: Valentina Gunina
Local: Khanty-Mansiysk, Rússia, Campeonato Mundial Feminino de Xadrez Relâmpago, 2014.

Parte 9: Torre Contra Dama

Neste tipo de final, a dama irá triangular, colocando o adversário em zugzwang para separar a torre do seu rei e vender. Veja Dvoretsky, Engdgame Manual, 4ª edição, Capítulo 13. Veja teoria de zugwang em Como Aumentar a Força Enxadrística, Volume 1, Método, Técnica, e Foco Mental.

Diagrama 87

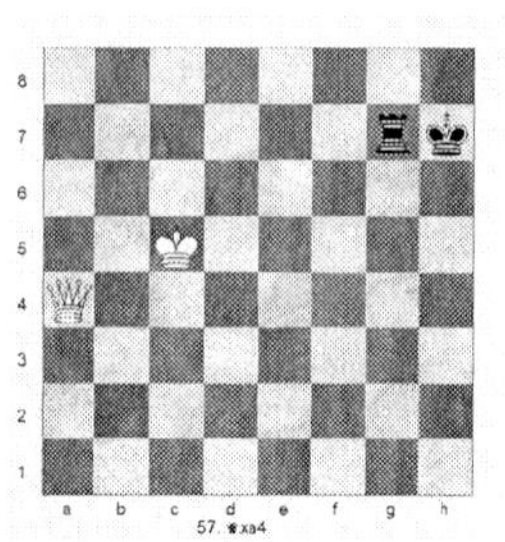

PRETAS movem.
Brancas: Wilhelm Hanstein
Pretas: Baron Tassilo von Heydebrand und der Lasa
Local: Berlin, Alemanha, 1839.

Diagrama 88

PRETAS movem.
Brancas: Ruslan Ponomariov
Pretas: Vassily Ivanchuk
Local: Dagomys, Rússia, 2010.

Diagrama 89

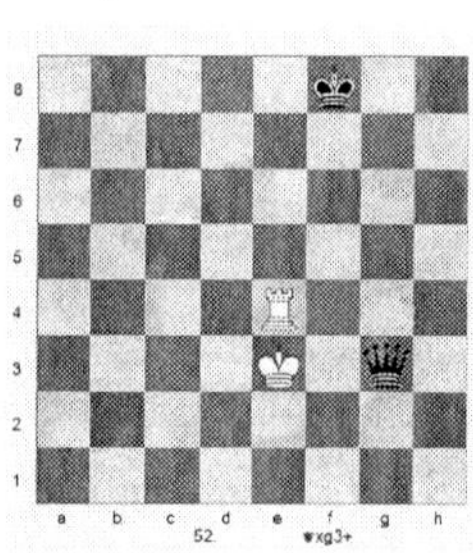

Brancas movem.
Brancas: Alina Kashlinskaya
Pretas: Almira Mirzoeva
Local:Super Finais do Mundial Feminino de Xadrez Relâmpago, Moscou, 2014.

Diagrama 90

PRETAS movem.
Brancas: Baadur Jobava
Pretas: Ian Nepomniachtchi
Local: Dubai, 2014.

Diagrama 91

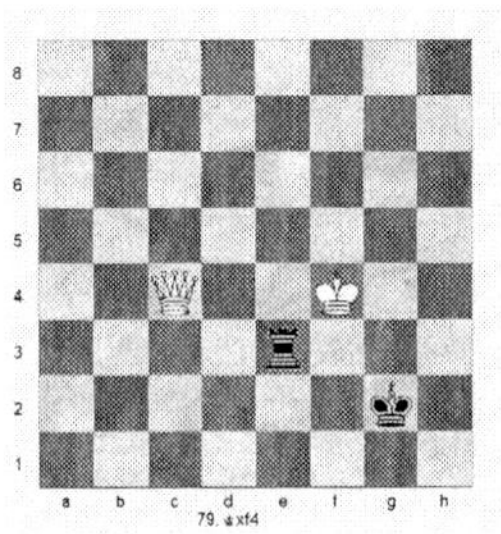

PRETAS movem.
Brancas: Anatoly Lein
Pretas: Mikhail Tal
Local:Vinius, Litiânia, 1955.

Diagrama 92

Brancas movem.
Brancas: Tatiana Shadrina
Pretas: Natalia Pogonina
Local: Super Final Russa de Xadrez Feminino, 2010.

Parte 10: Dois Bispos da Mesma Cor

Diagrama 93

Resultado: Brancas ○ Pretas ○ Empate ○
Brancas movem.
Brancas: Harry Nelson Pillsbury
Pretas: Wilhelm Steinitz
Local: Boston, 1892.

Diagrama 94

Resultado: Brancas ○ Pretas ○ Empate ○
Brancas movem.
Brancas: Alexey Suetin
Pretas: Alexander Kotov
Local: Russia, 1958.

Diagrama 95

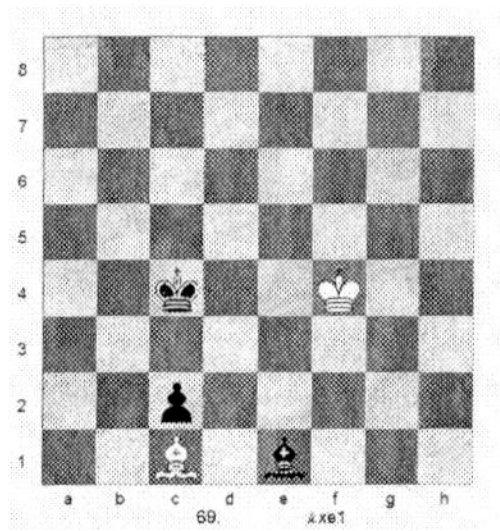

Resultado: Brancas ○ Pretas ○
Empate ○

Brancas movem.

Brancas: Aleksandar Matanovic

Pretas: Pal Benko

Local: Portoroz, Eslovênia, 1958.

Diagrama 96

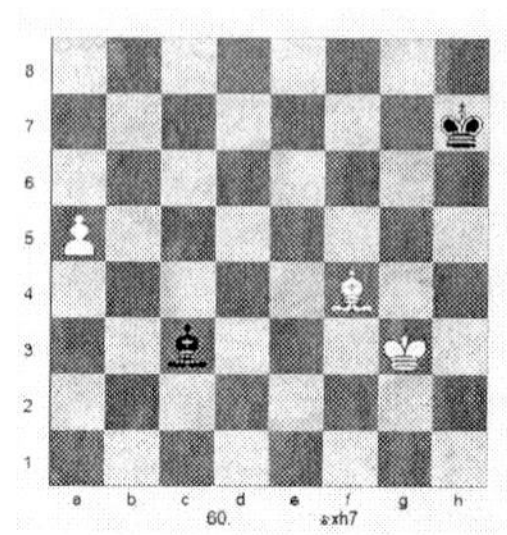

Resultado: Brancas ○ Pretas ○
Empate ○

Brancas movem.

Brancas: Georgi Tringov

Pretas: Petar Trifunovic

Local: Munique, Alemanha, 1958.

Diagrama 97

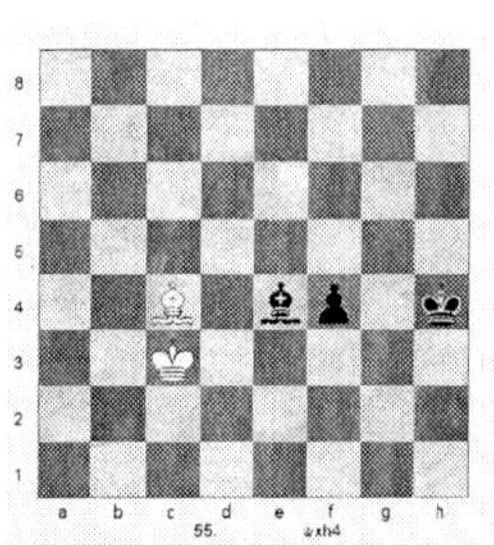

Resultado: Brancas ○ Pretas ○
Empate ○

Brancas movem.

Brancas: Nigel Short

Pretas: Viktor Korchnoi

Local: não publicado, 1995.

Diagrama 98

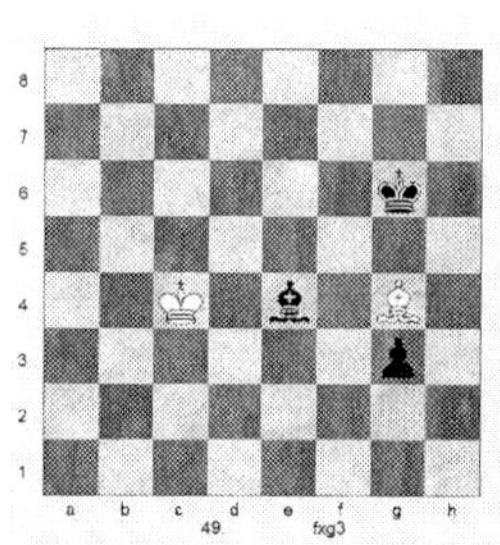

Resultado: Brancas ○ Pretas ○
Empate ○

Brancas movem.

Brancas: Helgi Ass Gretarsson

Pretas: Michael Adams

Local: Reykjavic, 2003.

Diagrama 99

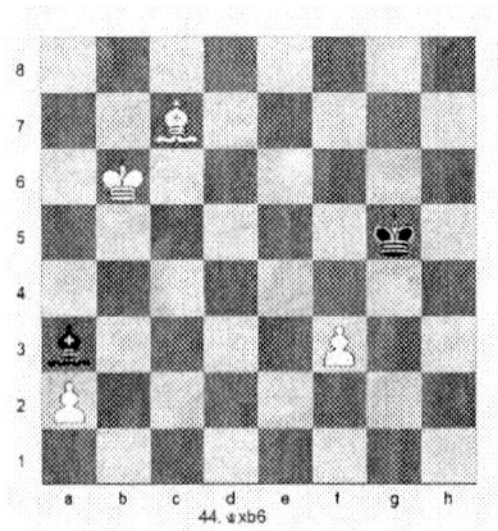

Resultado: Brancas ○ Pretas ○ Empate ○

PRETAS movem.

Brancas: Alexander Morozevich

Pretas: Levon Aronian

Local: Monte Carlo, 2006.

Diagrama 100

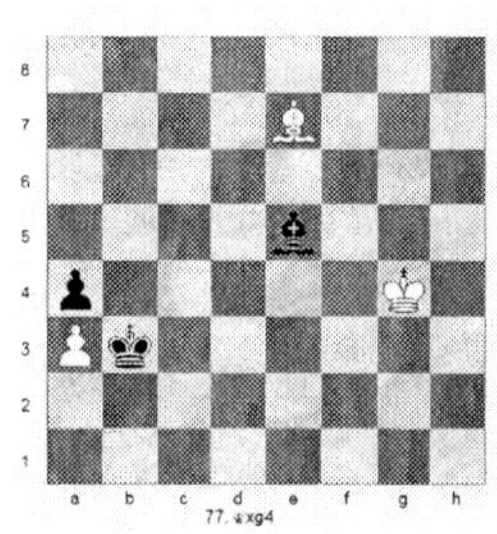

Resultado: Brancas ○ Pretas ○ Empate ○

PRETAS movem.

Brancas: Vladislav Nevednichy

Pretas: Alexander Moiseenko

Local: Varsóvia, Polônia, 2013.

Soluções

PARTE "A": ENCONTRE O PRÓXIMO LANCE

Diagrama 1
LANCE: Kc2
68.....Kc2 69.Kd5 Kd3 70.Ke6 Ke4 71.Kd6 Qc3 72.Kd7 Kd5 73.Ke7 Qg7+ 74.Kd8 Kd6 75.Kc8 Qc7 xeque-mate. Se a dama mover primeiro, ela deve ir para "um lance de cavalo" longe do rei inimigo, ou seja, a4, ou, neste caso, o rei faz sua tarefa primeiro.

Diagrama2
LANCE: Kg8
65.......Kf6 66.Kf8 Qc8, xeque-mate. Se a dama mover primeiro, gastam-se mais lances.

Diagrama3
LANCE: Kg7
83...... Kg7 84.Qb7+ Kf8 85.Qb4+ Kg7 86.Qg4+ Kf6 87.Qf4+ Kg788.Qg5+ Kh8 89.Qh6+ Kg8 90.Qg6+ Kh8 91.Qxd3 Kg7 92.Qd6 Kh893.Ke2 Kg7 94.Qe6 Kh8 95.Kf3 Kg7 96.Kf4 Kh8 97.Kg5 Kg7 98.Qe7+. Brancas vencem.

Se mover a torre, irá atrair o rei branco para o ataque. Melhor é fugir com o rei. Brancas devem dar xeques até colocar um cravo entre o rei preto e sua torre preta.

Diagrama 4
LANCE: Ke1
67.Ke1 Ke4 68.Ke2 Kf4 69.Rd4+ Ke570.Ke3 Kf5 71.Rd5+ Kf6 72.Kf4 Ke6 73.Rd1 Kf6 74.Rd6+ Ke775.Ke5 Kf7 76.Rd7+ Kg6 77.Rb7 Kg5 78.Rg7+ Kh4 79.Kf5 Kh380.Kf4 Kh2 81.Kf3. Brancas vencem. *Note que o importante é observar a sequência de cada lance com a torre sempre cortando espaço do rei inimigo. Pretas desistiram, mas o xeque-mate exigiria: 81...Kh1 82. Kf2 Kh2 83. Rh7.

Diagrama 5
LANCE: Rg1+
76. Rg1+ Kh7 77. f7 Re2+ 78. Kf8 Rh279. Re1 Rf2 80. Ke8 Kg7 81.Rg1+ Kh7 82. f8=Q Rxf8+ 83. Kxf8 Kh6 84. Kf7 Kh5 85. Rg8 Kh4 86. Kf6. Brancas vencem.

O lance e7 não seria eficiente, já que 76....Rh8 prolongaria a partida (crítico em caso de esgotamento de tempo no relógio).

Diagrama 6
LANCE: Ke3
56.....Ke3 57.Re7+ Kf3 58.g6 Rb5+ 59.Kf6 Kf4 60.g7 Rb8 61.Kf7 Kf5 62.g8=Q Rxg8 63.Kxg8 Kf6 64.Re4 Kf5 65.Ra4 Ke5 66.Kf7 Kd5 67.Kf6 Kc5 68.Ke6 Kb5 69.Rh4 Kc5 70.Rg4 Kb5 71.Kd6 Ka5 72.Kc6. Brancas vencem.

Com torre contra torre e peão, se o rei defensor estiver perto, o lado com o peão promove ou vence devido à troca da torre pelo peão antes, ou no momento em que este promover à dama.

Diagrama 7
LANCE: a6
54.a6 Ra355.Kb6 Rxa6+ 56.Kxa6 Ke4 57.Rd8 Ke5 58.Kb5 Kf5 59.Rd4 Ke5 60.Kc5 Ke6 61.Kc6 Ke5 62.Rb4. Brancas vencem.

O lance do peão baseia-se no princípio básico de que, tendo-se a oportunidade, o peão deve avançar.

Diagrama 8
LANCE: Bc1
74..... Bc1 75.Kf1 Bd2 76.Kg1 Be2 77.Kh1 Bc3. Pretas vencem.

Note que com 74...Bc1, o rei é forçado a voltar, e o bispo, então, toma mais espaço do rei, indo para d2. Brancas desistem no lance 77 com Bc3, caso contrário a continuação seria: 78. Kg1 Bd4+ Kh1 Bf3 xeque-mate.

Diagrama 9
LANCE: Kb2
104. Kb2 Kd3 105. KclKc3 106.Kb1 Kb3 107.Kcl Ka3 108. Kb1 Bd2 109. Ka1 Bc6. Pretas vencem. Note a técnica para encurralar o rei branco. No lance 104 o rei preto toma espaço do rei branco com Kd3. No lance 107 o rei branco tem que voltar para perder mais uma casa para o bispo que consegue, então, entrar em d2. Se a partida não tivesse encerrado por desistência, a continuação seria 110. Kb2 Be4+ 111. Ka1 Bc3 xeque-mate.

Diagrama 10
LANCE: Kg3
55. Kg3 Bh5 56. Kg2 Bf4 57.Kh3 Kf3 58.Kh4 Be8 59.Kh3 Bg560. Kh2 Kf2 61. Kh1 Bd7
Pretas vencem. Observe que no lance 57 rei preto para f3 diminiu as casas abertas ao rei branco. No lance 58 o rei branco ataca o bispo e este foge para e8 (continua bloqueando h5) e o rei branco é obrigado a voltar, momento em que o bispo preto sobe para g5, tomando mais uma casa do rei branco. Com dois bispos, quando um foge, o outro, no lance seguinte, geralmente se apodera de mais um quadrado do rei inimigo.

Diagrama 11
LANCE: Kf3
52. Kxh4 Kf3 53. Kg5 Ke4 54.Kf6 Kd4 55.Nf4 Kc456. Ke5 Kc5 57. Bd5 Kb4 58.Kd4 Ka3 59.Kc3 Ka4 60.Ne6 Ka361. Nd4 Ka4 62. Bb3+ Ka5 63.Kc4 Kb6 64.Kd5 Kc7 65. Nf5 Kb6
66. Ne7 Kc7 67. Ke6 Kd8 68.Ba4 Kc7 69.Nd5+ Kd8 70.Kd6 Kc871. Bc6 Kd8 72. Nc3 Kc8 73.Na4 Kd8 74.Nc5 Kc8 75.Bd7+ Kb8 76. Kc6 Ka7 77. Kc7 Ka8 78. Kb6. Brancas vencem.

A ideia que leva ao xeque-mate é a de levar o rei inimigo para um canto. Para isso, é preciso que o rei branco e seu cavalo estejam próximos nos primeiros lances e nos últimos todos (incluindo-se o bispo) estejam próximos. O papel do lado em perda é o de correr para cantos opostos se achar passagem. A regra dos 50 lances aplica-se, ou seja, se o xeque-mate não ocorrer em 50 lances, é empate. Note que o rei preto não sai da mira do bispo no lance 52 aguardando o que o rei branco irá fazer para, assim, ir para o canto oposto.

Diagrama 12
LANCE: Ke5
90..... Ke5 91.Kf3 Kd4 92.Ne2+ Ke5 93.Ke3 Kd5. Brancas vencem.

Note que nos seus três primeiros lances o rei preto está "estudando" para qual canto fugir. Ele fugiria para o canto mais aberto, dando assim mais trabalho para o xeque-mate. Mas está óbvio que sofrerá xeque-mate e pretas rapidamente desistiram. Se a partida continuasse, qual seriam os lances 94, 95 e 96?

94. Nf4+ Ke5 95. Be6 Kf6 96.Ke4 Kg5

Note que em 94 o rei preto quer complicar: vem para próximo do cavalo. No lance 95 o bispo toma posto com proteção do cavalo. No lance 96 o rei branco espreme mais ainda o rei preto e este tenta escapar para baixo sem cooperação. A ideia é sempre a mesma: levar o rei para um canto e impedi-lo de escapar. Cuidado para não conceder empate por afogamento (falta de lance).

Diagrama 13
LANCE: Ke3
38......Ke3 39.Bh4Bd7 40.Ke5 Kf3 41.Ng5+ Ke3 42.Bg3 Ke2 43.Kf4 Kf1 44.Nf7 Kg245.Ne5 c8 46.Nxg4 Bd7 47.Ne5 Ba4 48.Bh4 Kh3 49.Bf6 Kg2 50.Ke4Kh3 51.Kf5 Kg2 52.Ke6 Kh3 53.Ke7 Kg2 54.Kd8 Kh3 55.Kc7 Be8 56.Nd7 Kg2 57.Kd8 Bg6 58.Nc5 Bf5 59.Ke7 Bc8 60.Bd4 Kh3 61.Kf6 Kg2 62.Ke5 Kh3 63.Kf4 Kg2 64.Be5 Kh3 65.Kf3 Bg4+ 66.Kf2 Bc8 67.d7 Bxd7 68.Nxd7 Kg4 69.Nc5 Kh3 70.Kf3 Kh4 71.Ne6 Kh3 72.Ng5+ Kh4 73.Kf4 Kh5 74.Kf5 Kh4 75.Bf4 Kh5 76.Bg3 Kh6 77.Ne6 Kh5 78.Ng7+ Kh6 79.Kf6 Kh7 80.Kf7 Kh6 81.Bf4+ Kh7 82.Bg5 Kh8 83.Ne6. Brancas vencem.

1. O peão, em teoria, poderá ser promovido se o bispo for capturado ou impedido de defender a casa d7 (única casa de captura para o bispo).

2. O rei NÃO poderia ir para f3 no lance 38, pois perderia o bispo em três lances a seguir:

38.....Kf3 39.Nd4+ Kf4 40.Be5+ Ke3 41.Nxd5.

Portanto, em finais deste tipo fique atento a garfos (o cavalo dá xeque e em seguida captura outra peça) ou pregaduras (o bispo dá xeque e em seguida captura outra peça). Estas são as maiores dificuldades ao lado em desvantagem nestes tipos de finais.

Diagrama 14
LANCE: Kd6
84.Kd6 Kf6 85.Kc5 Ke5 86.Kc4 Bd5+ 87.Kd3 Nf4+ 88.Ke3 Be4 89.Kd2 Kd4 90.Kc1 Kc3 91.Kd1 Bc2+ 92.Ke1 Kd3 93.Kf2 Ke4 94.Kg3 Bd1 95.Kf2 Nd3+ 96.Kg3 Ke3 97.Kh4 Kf4 98.Kh3 Ne1 99.Kh4 Ng2+ 100.Kh3 Kf3 101.Kh2 Kf2 102.Kh3 Be2 103.Kh2 Bg4 104.Kh1 Ne3 105.Kh2 Nf1+ 106.Kh1. Pretas vencem.

Diagrama 15
LANCE: Kh3
98. Nb6 Kh3 99. Nc4 Kg4 100. Ne3+ Kh3 101. Bf4. Pretas vencem.

O plano maior de pretas é mover-se entre g4 e h3 na esperança de que, quando o cavalo chegar em e3, o rei preto estaria na casa h3 e isso seria empate por afogamento. Não fosse este plano, o rei teria fugido para o vasto tabuleiro aberto acima.

Diagrama 16
LANCE: Kf2
72. Kf2 Nd5 73. Bd6 Nf6 74.Kg1 Ne475. Bc7 Bb5 76. Kg2 Be2 77.Kg1 Bc4 78.Kg2 h3+ 79.Kg1 Ng5 80.Bb8 Nf3+ 81.Kf2 h2 82.Bxh2 Nxh2 83.Ke3 Nf3 84.Ke4 Be685. Kd3 Kf4 86. Kc2 Ke3 87.Kc3 Nd2 88.Kc2 Ne4 89.Kc1 Kd390. Kb2 Kd2 91. Ka3 Kc3 92.Ka4 Nd6 93.Ka5 Kc4 94.Kb6 Ne8 95. Kc6. Pretas vencem.

Diagrama 17
LANCE: e5
69. Bd6 e5 70. Bb8 Kg4 71.Ne2 Kh3 72.Bxe5 Kg2 73.Ng3 Kg174. Kf3 Kh2 75. Bd4 Kh3 76.Nf1 Kh4 77.Be5 Kh3 78.Nd2 Kh479. Ne4 Kh3 80. Bd6 Kh4 81.Bg3+ Kh5 82.Kf4 Kg6 83.Bh4 Kf784. Kf5 Ke8 85. Nc5 Kf7 86. Bf6 Ke8 87.Ke6 Kf8 88.Ne4 Ke889. Nd6+ Kf8 90. Kf5 Kg8 91.Kg6 Kf8. Brancas vencem.

Pretas ousaram jogar peão para e5 (bem nas mãos do bispo) porque, se o bispo capturar, empate! Cavalo e rei sozinhos não dão xeque-mate, portanto o empate é automático! No xadrez, mais do que na vida, é preciso ser meio sujo às vezes! Mas a Irina não caiu no truque!

Diagrama 18
LANCE: Nc1 (Nd4 e em seguida Nf3 são também válidos).
47. Nc1 a4 48. Na2+ Kc4 49. Ke3 a3. Empate.

Se o rei preto fugir, recusando-se a promover o peão; será empate, já que dois cavalos e rei não conseguem dar xeque-mate. Se o rei preto forçar a promoção do peão, este será tomado por um cavalo, restando ao lado branco o rei e o cavalo, que também não conseguem dar xeque-mate. O rei preto avançou para o cavalo, pois, se este capturasse o peão, seria empate prontamente. Portanto, as partes concordaram no empate.

Diagrama 19
LANCE: Kc5
47. Kc5 Rb8 48. Kc6 Rb3 49. Kc5Na4+ 50. Kc4 Rb8 51. Kd5 Kf5 52. Kd4 Rd8+. Pretas vencem.

Sozinho, o rei deve atacar quando puder. A torre deve ir para longe, podendo, assim, cortar o espaço do rei inimigo. O cavalo e seu rei devem aproximar-se, jogando, assim, o rei adversário para um canto. A técnica é sempre a mesma quando se trata de finais sem peões.

Diagrama 20
LANCE:Kg2
50. Kg2Kf5 51. Re2 Kf4 52.Rc2 Ne3+ 53.Kf2 Nxc2 54.Ke2 Ke4 55.Kf2Re3 56.Kg2 Rf3 57.Kg1 Kf4 58.Kg2 Ne3+ 59.Kh2 Rf1 60.Kh3Rh1. Pretas vencem.

O rei branco deve aproximar-se da zona de luta. Note que o rei preto ataca a torre. Um ataque à peça desprotegida é sempre vantagem. Note que no lance 52 torre branca para c2 é um erro, pois permite o garfo do cavalo com xeque. Acompanhe com o tabuleiro; no lance 54 o rei vai para e4, defendendo a torre (a ideia é a mesma: o rei sozinho sempre ataca uma peça). Note que a partir deste lance a ideia é encurralar o rei branco, papel muito bem feito pela torre. No lance 58 o rei branco é deixado com apenas quatro casas. O lance 59, torre para f1, é magnífico, pois joga o rei branco para cima, que agora só tem uma casa para se mover, e então o xeque-mate. Final muito ilustrativa dos papéis do cavalo, torre e sei rei trabalhando em conjunto. Configure o tabuleiro na imagem inicial e tente reprisar sem ver as respostas.

Diagrama 21
LANCE: Rd3
57. Rd3 Kf5 58. Kd7 Ke5 59.Kc6 Kf6 60.Rd5 Ke761. Rd6 Ke8 62. Rd7 Kf8 63.Kd6 Ke8 64.Ke6 Kf8 65.Kf6 Kg8 66. Rf7 Kh8 67. Kg6 Kg8 68.Rf6. Brancas vencem.

O lance da torre é óbvio, pois é o meio mais eficiente de diminuir o espaço do rei preto. Note que, se no lance 57 brancas mover a torre, ela vira alvo de ataque do rei branco. É por isso que é o rei branco quem move. O rei é altamente eficiente em cortar espaço do outro rei inimigo, apesar de cortar uma casa por vez. No lance 58 o rei preto não coopera e volta para dar mais trabalho no encurralamento. No lance 60 a torre pode dar um salto, já que está protegida. No lance 61, mais torre! No lance 62, mais torre! É hora de trazer o rei. Note que no lance 68 a torre desce, já em preparação para trazer o cavalo para o xeque-mate, mas pretas desistem. Final muito instrutiva também demonstrando o poder da torre e do seu rei trabalhando juntos.

Diagrama 22
LANCE: Kf5 (surpreso?)!
71. Kf5 Kh2 72. Rg8 Kh3 73.Kf4 Kh2 74.Bd5Kh3 75.Be6+ Kh2 76.Kf3 Kh1 77.Kf2 Kh2 78. Rh8. Brancas vencem.

A técnica para o xeque-mate aqui não é tão simples, mas envolve lances sutis e altamente interessantes. Em 71 o rei preto ataca a torre isolada (o rei sozinho sempre ataca alguém!). No lance 72, se brancas derem xeque com a torre, o rei preto escapa! No lance 73 o bispo move-se, mas ainda conseguirá dar xeque depois. Nos lances 76 e 77 o rei desce para auxiliar no xeque-mate. Uma linda final de técnica precisa.

Diagrama 23
LANCE: Kb2
79.....Kb2 80. Be4Ka2 81. Kc3 Ka3 82. Ra1. Brancas vencem.

Esta é a única partida neste livro jogada por computador contra computador no campeonato mundial de xadrez por computadores. No lance 79 o rei preto faz o que os reis solitários fazem: atacam alguém. O bispo foge e no lance 81 o rei branco vai para c3 para diminuir o espaço do rei preto. Note que o rei preto agora só tem uma casa para subir, mas a segunda casa está também bloqueada pelo rei branco, assim Ra1 dá xeque-mate.

Diagrama 24
LANCE: Bd3+
50. Bd3+ Kf6 51. Kg2 Ke5 52.Kg3 Kf6 53.Kg4 Ke7 54. Kxg5. Brancas vencem.

Note que Bd3+ imediatamente corta o espaço do rei preto (a torre corta a descoberto). Observe que antes de iniciar as técnicas para o xeque-mate brancas querem capturar o peão preto, o que se conclui com o lance 54 e a desistência de brancas. Se a partida tivesse continuado, quais seriam os lances até o xeque-mate?

54... Ke6 55. Kf4 Kd6 56. Rd4+ Kc6 57. Ke5 Kb7 58. Kd6 Kb6 59. Ra4 Kb7 60. Rb4+ Ka7 61. Kc7 Ka8 62. Ra4 xeque-mate.

PARTE "A": ENCONTRE O PRÓXIMO LANCE: melhores lances da história do xadrez

Diagrama 25

Melhor lance: Bh3.

Considerado por alguns o melhor lance da história do xadrez.

47. .....Bh3 48. gh3 Kf5 49. Kf2 Ke4 50.Bf6 d4 51.Be7 Kd3 52.Bc5 Kc4 53.Be7 Kb3. Pretas vencem.

Diagrama 26

Brancas desistiram em vista das seguintes possibilidades:

1. fxg3 Ne2+ 2.Kh1 Rxf1 xeque-mate.

1. hxg3 Ne2 xeque-mate.

1. Re1 Qxh2+ 2.Kgf1 Qh1 xeque-mate.

1. Qxg3 Ne2+ 2.Kh1 Nxg3+ 3.fxg3 Rxf1 xeque-mate.

Após a conclusão da partida, diz a história, expectadores jogaram moedas de ouro no tabuleiro de Marshall. A partida ficou conhecida como a partida das Moedas de Ouro.

Diagrama 27

Melhor lance: Be3!

69.....Be3 70.Kxh6 g4+ 71.fxe3 g3 72.Kh7 g2 73.h6 g1=Q 74.Kh8 a2 75.Bxa2 Kxa2 76.h7 Qg6 77.e4 Qf7. Pretas vencem.

Diagrama 28

Melhor lance: Ba3!

30.Ba3 Qxa3 31.Nh5+ gxh5 32.Qg5+ Kf8 33.Qxf6+ Kg8 34.e7 Qc1+ 35.Kf2 Qc2+ 36.Kg3 Qd3+ 37.Kh4 Qe4+ 38.Kxh5 Qe2+ 39.Kh4 Qe4+ 40.g4 Qe1+ 41.Kh5. Pretas vencem.

O lance foi encontrado por computadores avançados quarenta anos depois.

Diagrama 29

Melhor lance: Nxc5!

64.Nxc5 bxc5 65.b4 axb4 66.a5 e4 67.a6 Kf2 68.a7 e3 69.a8=Q e2 70.Qf8 e1=Q 71.Qxf6+ Kg372.Qg5+ Kh3 73.Qd2 Qa1 74.d7 Qa2+ 75.Kd1 Qb3+ 76.Kc1 Qa3+ 77.Kd1 Qb3+ 78.Ke2 Kg4 79.Qd1 Qxc4+ 80.Ke3+. Brancas vencem.

Este lance abriu a ala da esquerda para a passagem do peão branco. A vitória veio após certa luta, mas o lance 64 foi crítico para brancas.

Diagrama 30

Melhor Lance: a4!

66.a4 Qa8 67.e7 Qd5+ 68.Kf6 Qd4+ 69.Ke6 b1=Q 70.Nxb1 Qxe4+ 71.Kf6 Qh4+. Empate.

Empate é vitória quando se está perdendo! Note que antes do lance 64, em teoria, pretas já com a dama poderiam capturar todas as peças brancas e, uma vez capturado o cavalo em d2, pretas poderiam conseguir ainda uma segunda dama.

Diagrama 31

Melhor lance: 0-0-0 (roque longo!)

40.O-O-O Ra2 41.Re1+ Kd7 42.a7 Ra8 43.Rf7+ Kd6 44.Ree7 Rc8+ 45.Kd1 Rc5 46.Rd7+

Ke6 47.Rh7 Rca5 48.Ke1 R5a4 49.Kf1 Ra1+ 50.Kg2 R4a3 51.Rhe7+ Kf6 52.Rb7 R3a2 53.Rh7

Ke6 54.Rb6+ Kd5 55.Rh5+ Kc4 56.Rb7 Rxa7 57.Rxa7 Rxa7 58.Re5 Kd4 59.f4 Rg7+ 60.Kf3 Rg1 61.Re8 Kd5 62.f5 Kd6 63.Kf4 Kd7 64.Re2 Rg8 65.Ra2 Ke7 66.Ke5 Rb8 67.Rh2 Rb5+ 68.Kf4 Kf7 69.Kg5 Rb6 70.Rh7+ Kf8 71.Ra7 Rc6 72.Ra8+ Kf7 73.Rb8 Ra6 74.Rb1 Rc6 75.Rb7+ Kf8 76.f6 Rc1. Empate.

Note que, no lance 40, não fosse o roque longo, brancas teriam levado xeque e perdido uma torre (40. a7 Rh1+ 41. Ke2 Rxa1 e depois captura o peão e pretas venceriam).

Final complexa com muitos lances de torres. Revise todos os lances acima. Note que no último lance pretas conseguem criar a posição ideal para dar xeques perpétuos em brancas.

Diagrama 32

Melhor lance: Bc5+

35. ....Bc5+ 36.Kf1 Ng3+ 37.Ke1 Bb4+ 38.Kd1 Bb3+ 39.Kc1 Ne2+ 40.Kb1 Nc3+ 41.Kc1 Rc2

Xeque-mate.

Note quem se brancas tentassem Nd7m tendo em vista Qxf8+ próximo, Fischer jogaria Bc5+ dando o garfo entre rei e dama, ganhando a dama. A esta altura, brancas poderiam desistir. Alguns historiadores dizem que Byrne só continuou a partida por gentileza em permitir ao jovem Bobby Fischer de treze anos então a concluir o lindo xeque-mate que deu o nome à partida de "Partida do Século" quase que imediatamente. Isso ocorreu no Clube de Xadrez Marhall, em Nova Iorque, na noite de 17 de outubro de 1956, uma quarta-feira.

Diagrama 33

Melhor lance: Rd7!

37. Rd7 Rxd7 38. Bxc4 bxc4 39. Qxh8 Rd3 40. Qa8 c3 41.Qa4+ Ke1 42.f4 f5 43.Kc1 Rd2 44.Qa7. Brancas vencem.

Note que antes do lance 37 a posição de Kasparov não parecia tal tranquila. Três lances depois Kasparov está na frente e vence a partida em apenas mais cinco lances. Muitos chamam esta partida de Partida Imortal.

Diagrama 34

Melhor lance: Kg1!

44. Kg1 Qxd1+ 45. Kh2 Rxc6 46.Qe7+ Kh6 47.Qf8+ Kg5 48.Qxf7 Rf6 49.f4+ Kh6 50.Qxf6Qe2 51.Qf8+ Kh5 52.Qg7 h6 53.Qe5+ Kh4 54.Qf6+ Kh5 55.f5 gxf5 56.Qxf5+ Kh4 57. Qg6. Brancas vencem.

Este foi considerado o melhor lance do campeonato Europeu de 2015.

Note que análises detalhadas das muitas possibilidades de continuação dariam empate com xeque-perpétuo pela dama branca, mas com o lance 44. Kg1, Khismatullin assegurou vitória.

Note que os lances que precedem são estes: 42. Qh8 Qc2 43. Qf8+ Kg5 e 44. Kg1 e aí a dama branca vai para c2. Esta é a posição do diagrama quando o lance Kg1 se torna famoso. Porém, conseguiriam pretas imaginar que, apesar de tudo parecer a seu favor, iriam perder? Note que com 44. Kg1 brancas abandonam a torre. Seria concebível pretas imaginarem que perderiam a partida? Se sim, como poderiam pretas empatar?

Veja como pretas poderiam forçar o empate, mas para isso teria que tê-lo visto no lance 42 e em vez de 42.....Qc2 teria que ter jogado esta sequência: (note que o lance 42 de brancas é 42. Qh8:

42..... Rxc6 43. Rxd3 Qc1+ 44.Kd2 Rc2+ 45. Kf3Rxf2 46. Kxf2 Qxc2+ 47. Kf3 Qxd3 48. Qf8+ Kg5 49. Qe7+ Qf8+ 50. Kg5 e xeque-perpétuo. Mas a tentação de capturar a torre no lance 44 levou à derrota bem mais tarde.

PARTE "B": PADRÕES DE LANCES POR TIPO DE PEÇAS NAS FINAIS

♦ PARTE 1: REIS E PEÕES APENAS

Diagrama 35
48.Kc4 Ke5 49.Kxb4 Kxe4 50.Kc3 Ke3 51.Kc2 Kf2 52.Kd2 Kg3 53.Ke1 Kxh4 54.Kf1 Empate.

Empate concedido. Segue uma das linhas que leva ao empate:
1...Kg3 2.Kg1 h4 3.Kf1 h3 4.Kg1 h2+ 5.Kh1 Kf2 6.Kxh2

Diagrama 36
68. Kg3. Pretas desistem. E se pretas prosseguissem promovendo a cavalo com 68.....h1N+ ?

A resposta correta de brancas seria 69. Kf3 e então 69...Ng3 ou Nf2 levaria ao xeque-mate.

A resposta incorreta de brancas seria 69. Kh3, então 69....Nf2+ 70. Kg3 Nh1 e xeque-perpétuo.

Diagrama 37
60. Kd4 Kd2 61. Kc4 Kc2 62. Kb4 Kd3 63. Kxa4 Kc4 64. Ka5 Kc5 65. Ka6

Kc6 66. a4 Kc7. Empate. Note que até o lance 61 pretas lutam para manter a oposição.

As manobras de pretas mantêm a oposição no lance 63. No lance 66 está claro que pretas irão conseguir o empate. Partida encerrada. Veja a sequência caso persistissem:

67.a5 Kb8 68.Kb5 Ka7 69.a6 Ka8 70.a7 Kxa7 (se 70. Kb6 Kb8 71. a7 Ka8 e agora o rei tem que se afastar do peão, que será capturado, empate do mesmo jeito).

Diagrama 38
49.Kxc4 Kf4 50.Kd4 Kg3 51.Ke3 Kxh3 52.Kf3 Kh2 53.Kf2 h3 54.c4 Kh1 55.c5 h2 56.c6. Empate.

Note que o rei branco tinha que estacionar em f2 para impedir o rei preto de sair do caminho do peão, caso contrário o peão preto promoveria primeiro. Com isso, brancas conseguiram o empate.

Diagrama 39
48. Kf2 Ke4 49. Ke2 f3+ 50.Kf1 Kd4 51.Kf2 Kc4 52.Kxf3 Kb4 53.Kg4 Kxa5 54.Kxh4 Kb4 55. Kg5 a5
56. h4 a4 57. h5 a3 58. Kg6 a2 59. h6 a1=Q 60. Kh7 Qf6. Pretas vencem.

O peão que promove é o preto inicialmente em a6. Note que com o xeque no lance 49 o rei branco vai para a beira to tabuleiro, dando assim tempo para pretas capturarem o peão branco, saírem do caminho e avançarem uma casa, ficando assim 4 casas da promoção, enquanto brancas ficam 5 casas da promoção após tudo liberado para a corrida does peões. No lance 58 o rei branco se move para aproximar-se do canto h8, caso a dama inimiga ali entrasse (o lance não intimidou pretas). Na verdade, brancas poderiam ter desistido no lance 55.

Diagrama 40
45.Kxb4 g5 46.hxg6+ Kxg6 47.c5 Kf6 48.Kb5 h5 49.c6 Ke7 50.Kb6. Brancas vencem.

Note que no lance 45 brancas tentam avançar duas casas, mas pretas capturam *en passant*. No lance 47 o rei preto ameaça o peão branco, já que sem isso ele facilmente se promoveria. Isso força o lance do rei branco, dando assim um tempo a pretas. Com o forçado recurso do *en passant*, pretas retrocedem uma casa, já que o peão da coluna "h" está atrasado. Mesmo assim, não há mais tempo para pretas intercederem o peão branco. Se houvesse, pretas venceriam, já que o peão preto está sozinho e longe.

Diagrama 41
64.Kg5 Ke5 65.Kg4 Ke4 66.Kg5 Kf3 67.Kh5 Kf4 68.Kg6 Kg4 69.f6 gxf6 70.Kxf6 Kf4 71.Ke6 Ke4 72.Kd6
Kd4 73.Kc6 Kc4 74.Kb6 Kxb4 75.Kxa6 Kc5 76.Kb7 b4 77.a6 b3 78.a7 b2 79.a8=Q b1=Q+ 80.Kc8 Qf5+ 81.Kb8.

Note que os lances do rei branco (lances 66, 67 e 68) são parte da triangulação. O objetivo move o peão branco quando o rei preto não puder nele encostar. Mais ainda, ao capturar o peão preto, o rei branco já está posicionado para cruzar o tabuleiro um lance na frente do rei preto. Se o rei preto já estivesse na casa f4 quando da captura do peão preto (configure o tabuleiro), pretas promoveriam à dama primeiro (sem erros, isso também levaria ao empate).

Diagrama 42
60. Ke2 Kxg2
61. f4 Kxh3 62. f5 Kg2 63. f6 h3 64. f7 h2 65. f8=Q h1=Q66. Qg7+ Kh3 67. Qh6+ Kg2 68.Qg5+ Kh3 69.Qh5+ Kg2 70. Qg4+. Brancas vencem.

O rei preto só tem uma opção: capturar o peão branco em g2. Isso permite o peão branco em f3 escapar. O rei preto captura h3 e volta à posição g2. Note que, se o rei branco bloquear o rei preto antes da sua volta, é empate por falta de lance a pretas. Assim, o peão branco avança mais uma casa.

Diagrama 43
59.Kxg7 Kc5 60.g4
Kb4 61.g5 Kxa4 62.g6 Kb3 63.Kh6 a4 64.g7 a3 65.g8=Q+. Brancas vencem.

Não há saída para pretas. Se o rei preto tentar voltar, mantendo a oposição, o rei branco irá induzi-lo ao lado esquerdo do tabuleiro e ao lá chegar iniciará a passagem do peão branco do lado direito. Se o rei preto partir direto para o lado esquerdo, o rei branco passa o peão branco. Se o rei preto decidir capturar o peão branco diretamente, o rei branco, então, após ganhar o lado esquerdo, vai direto à caputura do peão preto e promove o seu peão branco.

Diagrama 44
60.c5 Kb2 61.c6 a3 62.c7 a2 63.c8=Q a1=Q 64.Qc2+ Ka3 65.Qc5+ Ka2 66.Qc4+ Ka3 67.Qa6+ Kb2 68.Qb6+ Kc1 69.Qc5+ Kb2 70.Qb4+. Brancas vencem.

A melhor sequência, no entanto (mais eficiente), é a seguinte (não jogada – note que acima mais eficiente seria iniciar com Qc3 e não Qc4).

1.Qc3+ (para não deixar o rei subir) Ka2 2.Qc4+ Kb2 (o rei cola na sua dama para não permitir o cravo) 3.Qb4+ Ka2 (mas, ao evitar o cravo, o rei permite ao rei inimigo se aproximar) 4.Kc2 e agora xeque-mate no próximo).

Diagrama 45
54. hxg4 Kd5 55. Kb5 Ke5 56.Kc5 Kf4 57.Kd6 Kxg4 58. Ke5 f5. Pretas vencem.

O lance 58 foi decisivo. Com o seu rei já estacionado em g4, o peão salta para f5, impedindo o rei branco de bloqueá-lo. Não há tempo para o rei branco dar a volta e entar na sua frente. Brancas desistem.

Diagrama 46
45.Kd4 Kc6 46.Kd3 Kc5 47.Kc3 c6 48.Kd3 Kb4 49.Kd4 c5+
50.Kd5. Zugzwang nas pretas! (o termo é alemão e significa "que mover entra em desvantagem". Portanto, pretas abandonaram, pois se abandonasse o seu peão este seria capturado pelo rei branco que, já estando colado ao seu próprio peão, iria promover com facilidade. Note que brancas cuidadosamente manobram de tal modo a entar na casa d5 no seu último lance, dando assim a vez (dando assim o abacaxi) a pretas.

Diagrama 47
77...........Kd4 78. Kc2 Ke3 79.Kc1 Kd380. Kb2 Kd2 81. Kb1 Kc3 82.Ka2 Kc2 83.Ka1 Kxb3 84. Kb1 Ka3
85. Kc2 Ka2. Pretas vencem.

Note que no lance 78....Ke3 pretas querem a oposição e no lance 82......Kd2 pretas conseguem a oposição. Isso lhe permite capturar o peão branco e, portanto, vencer a partida.

Diagrama 48

61..... Kd2 62.Kf1 Ke3 63.Kg2 Ke2 64.Kg1 Kf3 65.Kh2 Kf2 66.Kh1 Kxg3. Pretas vencem.

O rei preto vai para a casa d2. Isso impede o rei branco de subir em direção ao peão preto (o rei branco teria que entrar na casa d3, único caminho de passagem). Note como o rei preto vai para e3, e2 e f3 e finalmente, ganhando a oposição, captura o peão branco. Embora a manobra não seja complexa, um erro de pretas e o resultado pode se inverter. É importante se praticar esse tipo de coisa incansalvemente para evitar perder no relógio. É difícil manter a precisão de lances sob pressão de tempo.

Diagrama 49

62.Kg8 Qg5+ 63.Kh7 Qf6 64.Kg8 Qg6+ 65.Kh8 Qd666.Kg7 Qd7 67.Kh8 Kf5 68.f8=Q+ Kg6 69.Qg8+ Kh6 70.Qe6+ Qxe6. Empate.

Note que se a dama, querendo dar xeque-mate, não pode capturar o peão (o que concederia o empate por afogamento). Em seguida, o rei branco evita entrar na frente do próprio peão (o que permitiria o rei preto avancar, apertando assim ainda mais o rei branco). No lance 66 o rei branco vai para g7 (impedindo o avanço do rei preto). No lance 68 brancas promovem. E agora? Lance 69: brancas dão xeque e se pretas bloquearem com a dama brancas vencem. O rei move-se para h6 e brancas veem, então, o empate, sacrificando a dama, o que produz empate, já que o rei branco fica sem possibilidade de lance (mas não está em xeque).

Diagrama 50

64. Kb8 Kb5 65. Kc7Kxa5 66. Kd6 Kb5 67. Ke5 Kc5 68.Kf4 Kd5 69.Kxg4. Brancas vencem.

Com o rei branco em b8, se pretas não atacarem o peão, a promoção é certeira. Mas, ao concluir a tarefa da destruição do peão branco, o rei branco já está em d6, o que deixa o rei preto para trás. A partida concluiu-se no lance 69. E se pretas não desistisse, como seria a continuação? Afinal, brancas ainda teriam que demonstrar maestria para vender. Veja a sequência: 1... Kd6 2. Kg5 Ke6 3. g4 Ke7 4. Kg6 Kf8 5. Kh7 Kf7 6. g5 Ke6. Com o rei branco em h7, o rei preto não consegue entar em g8 ou h8 e assim a chegada do peão é tranquila. Para perder, brancas teriam que cometer um erro, permitindo o rei preto chegar primeiro em g8. Mas com o rei branco já em h7 o rei branco consegue, no máximo, chegar em f8 antes do peão, mas quando o peão avançar para g7 com xeque, o rei branco tem que ir para a esquerda e isso permite a promoção, e aí a dama sai para o xeque-mate. Lição: rei na frente do peão, manobras de tal forma que o rei chegue a h7 ou f7 antes do outro rei, aí traz o peão.

Diagrama 51
62....Kf7 63. Kh8 c3 64. h7 c2. Empate.

Note que o rei preto vai para f7, forçando assim o rei branco a andar para trás. No lance 64 o peão branco chega a h7 e agora não há mais lances para brancas. Se pretas moverem, será empate (o que realmente aconteceu na partida). O rei preto poderia ir para e7, e6 ou f6, permitindo, assim, espaço ao rei branco, mas se isso ocorrer brancas promovem no lance seguinte (antes de pretas). Melhor garantir o empate, portanto c2 e empate por afogamento (falta de lances a brancas e o rei não está em xeque).

Diagrama 52
51.......Kf8 52.Kd6 Kxf7 53.Kd7 Kf8 54.Ke6 Kg7 55.Ke7 Kg8 56.Kf6 Kh7 57.Kf7 Kh8 58. Kxg6 Kg8 59. Kf6 Kh7 60. Kf7 Kh8. Brancas vencem.

Reprise os lances 55, 56 e 57. Note que o rei branco triangula seus passos de tal modo que, quando os dois reis estiverem encostados no peão, a vez do lance é de pretas. Portanto, se os dois estão encostados e a vez é de pretas, pretas têm que se afastar. Triangulação é isso: ganha quem encostar por último, já que no lance seguinte quem encostou primeiro tem que se afastar.

Diagrama 53
50. Kg7 h5 51. h4 Kc2 52. Kg6 Kd3 53. Kxh5 Ke4 54. Kg6. Brancas vencem.

Note que o lance crítico para brancas é o lance 51. h4. O peão branco para a corrida do peão preto, permitindo, assim, que o rei o capturasse. Com o lance 54, rei branco para g6, não há como pretas impedirem a promoção e pretas desistem. Como o rei preto está longe e o peão branco está bloqueando, brancas capturariam o peão preto a tempo de qualquer forma. E se o rei preto já estivesse em d3 após o lance 51 h4? Empate. Veja (observe as manobras de pretas!). Note que o rei preto estaria em d3, o rei branco em g7, o peão preto em h5 e o peão branco em h4 e seria a vez de brancas:

4.Kg6 Ke4 5.Kxh5 Kf5 6.Kh6 Kf6 (note que pretas ganharam a oposição) 7.h5 Kf7 8.Kg5 Ke7 (lance chave para se conseguir o empate) 9.h6 (se brancas jogassem Kg6, então pretas Kf8 e empate depois) Kf7 10.h7 Kg7 11.h8Q+ Kxh8. Empate.

Diagrama 54

49. Kf2 Kf4 50. Kf1 Ke3 51. Ke1 Kd4 52. Kf2 Kc5 53. Kxf3 Kb5 54. Kf4 Kxa5 55. Kg5 Kb5 56. Kxh5 a5 57. Kg6a4 58. h4 a3 59. h5 a2 60. h6 a1=Q 61. h7 Qh8. Pretas vencem.

Note que o peão preto em h5 bloqueia a passagem do peão branco. Isso retardará brancas em dois lances. Note também que indo para f2 no lance 49 o rei branco entra em zugzwang (desvantagem). Mas a ideia era induzir o rei preto a sair em disparada para a esquerda, o que permitiria a brancas ganharem os tempos necessários para promover o seu peão branco em h2 a tempo. Pretas, porém, entram em f4, forçando o rei branco a ir para f1 e depois e1, necessário a dar a pretas o tempo para capturar o peão branco em a5, sair do caminho e promover primeiro. A dança, portanto, em torno do peão em f3 tinha como objetivo ganhar os tempos necessários para brancas. Com a dama preta em h8, brancas convencem-se a desistir. Parece simples, mas não é devido ao cansaço e geralmente ao pouco tempo de relógio nas finais. Só a prática e o estudo ajudam a pensar rápido.

♦ PARTE 2: DAMA CONTRA PEÕES

Diagrama 55

60......h1=Q 61.g7 Qd5+ 62.Kf8 Qf5+ 63.Ke8 Qg6+ 64.Kf8 Qf6+ 65.Kg8 Kd6 66.Kh7 Qf7 67.Kh8 Qh5+ 68.Kg8 Ke6. Pretas vencem.

A técnica é forçar o rei inimigo na frente do seu próprio peão. Cada vez que o rei inimigo entra na frente do peão, o rei da dama avança uma casa e assim por diante, até que o rei da dama esteja emparelhado com o peão, aí a dama move-se para o xeque-mate.

Diagrama 56

56.Qb5+ Kf2 57.Qxf1+ Kxf1 58.h4 Kf2 59.Kc5 Kg3 60.Kd6 Kxh461.Kxe6 Kg3 62.Kf5 h5 63.e6 h4 64.e7 h3 65.e8=Q Kg2 66.Kg4 h267.Qe2+ Kg1 68.Kg3. Brancas vencem.

O xeque da dama branca é para simplificar a final, já que brancas têm vantagem, ou seja, o rei branco, após a saída das damas, consegue capturar o peão preto em e6 e promovê-lo. O lance 59.Kc5 é visa dar a volta, capturando o peão central, e tentar promover o peão do centro e não o peão da beira. No lance 62 fica claro que brancas irão promover em três lances enquanto pretas precisarão de cinco. Com um peão atrasado contra a dama, o lado da dama sempre vence.

Diagrama 57

51......Qa8 52.a6 Ke7 53.Ka5 Kd6
54.Kb6 Qb8+ 55.Ka5 Kc5. Pretas vencem.

Com a dama em a8, o rei branco é forçado para trás. O rei preto, então, aproxima-se do peão até encostar, momento em que a dama o captura e em seguida prossegue para a finalizaçao de dama e rei contra rei sozinho.

Black. Esta é uma das poucas derrotas de Blackburne.

Diagrama 58

55...... Qa1+56. Kb8 Kf5 57. b7 Ke6 58. Kc8 Qc3+ 59. Kb8 Kd6 60. Ka8 Qa5+ 61. Kb8 Kc6 62. Kc8 Qc7. Pretas vencem.

Note que a dama dá o xeque para pôr o rei branco na frente do seu próprio peão. Cada vez que o rei branco entra na frente do peão, o rei preto move-se. A técnica se repete. Cada vez em que o rei branco sai da frente do peão, leva xeque e volta, e o rei preto move-se. Eventualmente, o rei preto estará enconstado no peão e assim a chama avança para o xeque-mate.

Diagrama 59

49.....Qb1+ 50.Ka7 Qa2+ 51.Kb7 Qb3+ 52.Kc8 Kf6 53.c7 Ke6 54.Kd8 Qd5+ 55.Kc8 Qa# Pretas vencem.

Note que no lance 49 a dama tem que dar xeque para evitar o lance do peão. Os xeques têm que se repetir até que o rei branco entre na frente do seu próprio peão, permitindo, assim, ao rei preto mover-se. Portanto, a técnica utilizada na solução acima é a mais eficiente.

Diagrama 60

70.Kh7 Qg6+71.Kh8 Qf6+ 72.Kg8 Kg6 73.f8=Q Qe6+ 74.Kh8 Qh3+ Pretas vencem.

O rei branco está evitando entrar na frente do seu próprio peão. Pretas evitam o empate ao recusar-se a capturar a dama branca (dois reis sozinhos é empate). No último lance, pretas deixam as brancas sem saída. Xeque-mate no próximo lance. Se brancas oferecerem a troca de damas, o xeque-mate ocorre dois lances depois.

Diagrama 61

60.Qxh8+ Kg361.Qe5+ Kg2 62.Qg5+ Kh1 63.Qh4+ Kg2 64.Qg4+ Kf2 65.Kf5 Ke366.Qe4+ Kf2 67.Kg4. Brancas vencem.

Novamente, note como a dama dá xeque até que o rei preto entre na frente do peão. Isso permite o rei da dama aproximar-se para ajudar no xeque-mate.

Diagrama 62

Brancas desistiram porque se 52. a8=Q, então pretas: Qc7 xeque-mate. Se brancas promovessem o peão a cavalo, ou seja: 52. a8=N, então:
a Cavalo em vez de Dama, a sequência mais eficiente seria:

1.a8=N Qa6 2.Nc7 Qb6+ 3.Ka8 Kc6 4.Nd5 Qb7#
(OU: 1. a8=N Qb5+ 2. Nb6 Qxb6+ e o rei move-se para receber xeque-mate depois). Ou se brancas não quiserem entregar o cavalo, então 1. a8=N Qb5+ 2. Kc8 Qa6+ 3. Kb8 Kc6 4. Nc7 Qb7 xeque-mate.

♦ PARTE 3: DAMA E PEÃO CONTRA DAMA

Diagrama 63

58.Qxc6 Qe1 59.Qc4+ Ke560.b4 Kd6 61.Qc6+ Ke7 62.b5 Kd8 63.Qc7+ Ke8 64.b6 Qa5 65.Qd6
Qa2 66.Kb8 Qc4 67.Qe5+ Kf8 68.Qc7 Qb5 69.b7 Ke8 70.Qd6 Qa5 71.Qc6+. Brancas vencem.

Se pretas capturarem a dama branca (trocas), o rei branco irá impedir o rei preto de se aproximar e irá promover o peão. Assim, pretas ameaçam um xeque para em seguida capturar o peão, e a dama branca defende com xeque. O rei preto tem que ir em direção ao rei branco para auxiliar na luta. Note que a dama branca não permite o rei preto encostar. No lance 66 a dama preta impede o rei branco de sair do caminho do peão pela fileira c. Nesses tipos de finais o papel da dama com o peão é o de dar xeque e sugerir a troca de damas, levando, assim, à promoção do peão (veja os lances 67 e 68). Mas pretas não aceitam. No último lance, o xeque no rei preto irá permitir o rei branco sair da frente do peão e promovê-lo. Não há saída para pretas.

Diagrama 64

68. e8=Q Qf3+ 69. Qf7 Qa8+ 70. Kg7 Qg2+ 71. Qg6 Qb7+ 72. Kh6 Qc8 73. Qf6+ Kg4 74. c6 Qb8 75. Kg7 Qc7+ 76. Kg6 Qb8 77. Qe6+ Kf4 78. Kf7 Qc7+ 79. Qd7 Qe5 80. c7 Qh5+ 81. Kg8 Qg6+ 82. Qg7 Qc6 83. Qf8+ Ke5 84. c8=Q Qd5+ 85. Qf7. Brancas vencem.

Note que a vitória de brancas não é rápida (18 lances).

Lance 69: brancas oferecem a captura das damas (e assim facilmente promove o peão). Pretas obviamente não aceitam. Lance 71: o cenário se repete.

O padrão é o mesmo: dar xeque e mover-se em posição de capturar o peão. Para o lado com vantagemm a lógica é sempre oferecer a captura das damas para que o peão passe em paz. Nestes tipos de finais há dois problemas: 1) o tempo no relógio forçando lances rápidos e sujeitos a erros e 2) achar o lance tal que após um xeque a dama mova em posição de ataque. Por outro lado, ao mover-se em posição de ataque, a dama inimiga irá dar xeque.

Lance 74: após xeque, brancas conseguem mover o peão mais um lance e assim, vagarosamente, o peão sobe a coluna.

Entre os lances 76 e 79: brancas melhoram sua posição, pois aproximam-se (rei e dama) do peão. Essa ideia é crítica na promoção de peões com dama inimiga no tabuleiro.

No lance 82 brancas oferecem capturar as damas e novamente pretas recusam-se.

O xeque do lance 83 garante a promoção do peão. Com duas damas contra uma, pretas fazem uma última tentativa com xeque. Se o rei movesse para h8, brancas dariam xeque em h1, depois em g2 e assim por diante, até o rei cruzar para o outro lado do tabuleiro, quando eventualmente não haveria mais xeques.

Diagrama 65
76. b8=Q g1=Q 77. Qb5+ Kg6 78.Qd3+ Kh6 79.Kd7 Qg4+ 80.Ke7 f5 81.Qd6+ Qg682. Qh2+ Qh5 83. Qd6+ Kh7 84.Qf6 Qg4 85.Qa6 Qg5+ 86.Kd7 f487. Qd3+ Kh6 88. Qh3+ Kg7 89.Qf1 Qd5+ 90.Ke7 Qe4+ 91.Kd6 f3 92.Qg1+ Qg6+. Pretas vencem.

Com a promoção à dama, é a vez de brancas. Note que quando se tem duas damas e um peão, o papel das damas é sempre o mesmo: uma dá xeque e ataca o peão, a outra dá xeque e defende o peão. A questão é "como e de onde se dar os xeques". É preciso estar muito alerta para o que a outra dama fará depois. Esta é a chave. Nesta linda final pretas defendem seu peão magnificamente. Observe que a principal preocupação de pretas é manter o rei branco longe (por exemplo, reprise até o lance 86 e observe como a dama branca dá xeques para manter o rei branco longe do peão. Por outro lado, a dama que não tem peão tenta separar o rei do seu peão. A dama dona do peão irá sempre oferecer a troca de damas (dado que seu rei consiga capturar e chegar ao peão antes do outro rei). Por isso vemos aqui várias vezes que pretas oferecem para trocar damas (isso ocorre nos lances 81, 82 e 92). Com a chegada do peão em f3, brancas desistem. Como seria agora a finalização?

A resposta é simples: note que o lance 92. Qg1+ é um erro, pois isso permite a defesa 92.....Qg6+, ou seja, a defesa de pretas também dá xeque e agora, se o rei branco se move, brancas perdem a dama, se a dama branca captura dama preta, rei captura dama branca e o peão promove-se, já que o rei branco não o alcança há tempo. O xeque de brancas seria válido apenas se o rei branco estivesse "dentro do quadrado do peão" (para este conceito, leia "Como Aumentar a Força Enxadrística: Métodos, Técnicas e Foco Mental (volume 1)" ou em inglês "Dvoretsky", 4ª edição, Endgame Manual, páginas 1 a 20.

Diagrama 66
95..... f4+ 96.Kf7 f3 97.Qh6+ Kg3 98.Qg7+ Qg4 99.Qc3 Qe4 100.Qg7+ Qg4 101.Qc3 Qd7+ 102.Kf8 Kg2 103.Qc2+ f2104. Qg6+ Kh2 105. Qh5+ Qh3 106. Qe5+ Qg3 107.Qb2 Kh1108. Qc1+ Kg2 109. Qb2 Qe3 110.Qg7+ Kf3 111. Qb7+ Qe4112.Qb3+ Kf4 113.Qd1 Qc4 114. Qd6+ Kf3 115. Qd1+ Kg3. Pretas vencem.

A lógica da dama dona do peão (lado em vantagem) é de dar xeque e em seguida mover o peão. No lance 96, portanto, o peão pode mover-se sem xeque, já que sua dama está junto a ele. Note que o papel da dama branca é dar xeques até que consiga colocar um ataque no peão ou levar o rei para um canto. Esta partida tem final longo e complexo, mas vale a pena configurar o tabuleiro e seguir cada lance. Note que no último lance pretas posicionam-se de tal forma que o peão será promovido com proteção da sua dama. Embora não haja regras específicas para estes tipos de finais, as duas regras da introdução aplicam-se: o lado que ataca deve dar xeque e mirar o peão em seguida, o lado que defende deve dar xeque e avançar o peão em seguida.

♦ PARTE 4: TORRE CONTRA UM PEÃO

Diagrama 67
73. ... f4 74. Kd5 f3 75.Ke4 f2 76.Rf8 Kg3 77.Ke3. Brancas vencem.

A técnica aqui é fazer com que o rei da torre mantenha-se próximo ao peão. Quando este chegar à sétima fileira, a torre entra atrás, de longe. A vitória dá-se pela impossibilidade de o rei do peão capturar após a promoção. Final muito comum em partidas de campeonatos.

Diagrama 68
52.Kf7 Rf1+ 53.Kg7 Ke3 54.g6 Ke4. Pretas vencem.

Esta final mostra que a técnica para a torre vencer o peão avançado é dar xeques até que o rei entre na frente do seu próprio peão. Nete momento, o rei da torre move uma casa. Se o rei inimigo andar para trás, o rei da torre move outra casa. Se sair da frente do peão, leva xeque até entrar na frente do peão, e assim por diante. Isso eventualmente levará à vitória do rei da torre, já que após vários lances o rei da torre encostará no peão para capturá-lo. Cuidado para não afogar o rei do peão.

Diagrama 69
58. Kg6 Rg1+ 59. Kh6 Ke6 60. h5 Kf6 61. Kh7 Rh1 62. h6 Kf7. Pretas vencem.

Note que o peão está avançado, mas seu rei tem que chegar a ele. Note que a técnica é forçar o rei na frente do próprio peão. Isso se dá movendo-se o rei da torre para perto e usando a torre com xeque. No lance 59 o rei branco entra na frente do peão para não mais sair. No último lance está claro que branca perderá o peão.

Diagrama 70
72..... Ke5 73.Kc5 Ke4 74.Kc4 Ke375.Re8+ Kd2 76. Rf8 Ke3 77. Kc3. Brancas vencem.

Note que o rei preto sai para e5 para acotovelar o outro para longe. Observe que no lance 75 o rei preto vai para d2 para continuar acotovelando o outro rei para longe do peão. No lance 76 a torre ameaça capturar o peão, o que obriga o rei a voltar. O rei branco avança para c3 e a partida se encerra. Note que o rei branco está no "lado errado", ou seja, se estivesse do lado direito do peão, nele encostaria com facilidade. Caso pretas não tivessem desistido, como seria o procedimento para brancas vencerem? Note que se o peão promover com o rei branco longe, a torre o captura e o rei captura a torre: empate. Como brancas vencem após o último lance?

Solução: 78.....f3 79. Re8+ Kf2 (então, 80. Kd2 e brancas vencem). Se 79.....Kf4, então Kd2 e depois Ke2 e brancas vencem. Ou seja, a técnica se repete: forçar o rei na frente do seu próprio peão – se este entrar atrás, o rei da torre tem que caminhar em direção ao peão para capturá-lo.

♦ PARTE 5: TORRE CONTRA DOIS PEÕES

Diagrama 71

50.....Rd2+ 51.Kc5 Kc7 52.e5 Rd1 53.e6 Rd2 54.Kb5 Re2. Pretas vencem.

O dilema de brancas é a proximidade do rei preto, que irá bloquear a subida do rei no auxílio em promover os peões. Para pretas, a lógica é separar os peões com a torre e em seguida trazer seu rei para a região dos peões. A partida é notória devido aos lances sutis da torre: esta entra em d2 com xeque, desce para d1 e volta para d2. Esses passinhos são para levar o rei branco a ficar sem lances. Note também que em 51....Kc7 o rei preto toma do rei branco a casa c6, deixando-o sem possibilidade de avanço. Com dois peões separados e rei preto por perto, a vitória é sempre do lado com a torre. Note que tivessem brancas jogado 51. Ke6 (saindo pela direita da tela para evitar ser acotovelado pelo rei preto), o desfeche seria o mesmo com vitória de pretas:

50...Rd2+ 3 51.Ke6 Kc6 52.Ke5 Kc5 53.Kf4 Kxc4 54.Ke3 Rd3+ 55.Kf4 Kd4 56.Kf5 Re3 57.Ke6 Rxe4+

A torre só perde para dois peões caso estes estejam conectados e já na sexta fileira.

Diagrama 72

61. Kb4 Kd4 62. Kb5 Rf8 63.c5 Rb8+ 64. Kc6 Rc8+ 65.Kb6 Rxc5 66.b4 Rh5. Pretas vencem.

Note que a torre só perde para peões conectados se estes estiverem na fileira 6. Portanto, como proceder para vencer? Primeiro vamos ver o que faz o rei branco: 61. Kb4. Legal, o rei preto agora consegue encostar no peão branco. Por que não mover a torre? Porque sabemos que o rei encostado no peão faz duas tarefas ao mesmo tempo: ameaça capturá-lo e ainda acotovela o rei inimigo. Portanto, rei preto 61....Kd4 é mais eficiente. O rei branco precisa caminhar para o alto para promover o seu peão: 62. Kb5, mas com tanta distância para caminhar a torre consegue facilmente atacar pela frente: Rf8. O rei branco irá mover seu peão a toda oportunidade: 63. c5. Mas a torre ataca rápido: Rb8+. Com o rei branco agora em c6, por que não capturar o peão traseiro em b3? Porque é melhor capturar quando a torre e seu rei acabam juntos. Além do mais, permitir o rei inimigo subir para a linha final na frente do seu peão é sempre beneficiário ao inimigo. Portanto, a preferência é dar xeque e capturar, separando assim o rei do seu peão traseiro. Ao último peão resta apenas atacar a torre: 60. b4, e à torre é necessário apenas sair para longe: Brancas desistem, mas a continuação seria: 61. b5 Kb4 62. Kc6 Rxb5 e agora seria batalha para encurralar o rei branco, mas brancas desistem.

Diagrama 73

Antes de vermos a solução, aqui vai a história contada por Clyde Kapinos, amigo e uma das melhores pessoas que já conheci, senhor gentil e com um senso de humor muito engraçado, residente de Pittsburgh e por muitos anos Diretor do Clube de Xadrez de Pittsburgh. Clyde conta que no campeonato estava com apenas 15 segundos no relógio contra um adversário com mais tempo de relógio e de rank muito mais alto. Clyde é estudioso de finais e segundo ele o seu conhecimento de finais é muito superior ao de aberturas ou meio-jogo. A partida decidiria o vencedor da seção e daria $350 dólares de prêmio, considerado um grande prêmio nos anos setenta. Em uma análise relâmpago, Clyde viu o xeque-mate e jogou:

1.....Rh6+ (captura da torre é o único lance) gxh6+, Kf6 (agora lance de peão é o único lance) g5+, Kf5 (agora empurrão no peão é o único lance) g6, hxg6, xeque-mate, e Clyde, segundo sua narrativa, sai com a vitória e o cheque de $350 dólares. Ele ri muito de satisfação mesmo 40 anos depois!

Diagrama 74

50. ......Kg4 51.Rf8Kg3 52.Ke2 g4 53.Kf1 Kh2 54.Rf4 h3 55. Rxg4 Kh1 56. Kf2. Brancas vencem.

Sob xeque, o rei ataca a torre. O rei branco entra em e2 para cortar espaço do rei preto (mais eficiente que fazer um lance de torre). O peão branco avança imediatamente. O rei branco, então, entra em f1 cortando ainda mais espaço do rei preto. No lance 54 a torre vai para f4. Se o peão avançar de g4 para g3, aí

Rxh4 xeque-mate, portanto pretas são forçadas a avançar h4 para h3. O único lance de pretas agora é h1. Nesta posição (torre branca em g4, rei branco em f1, rei preto em h1, peão preto em h3), qual é a forma mais eficiente para brancas darem o xeque-mate?

Sutileza (mostrada por Anna Muzychuk): 56. Kf2 e a Tatiana desistem, mas a continuação seria:

56....Kh2 57. Rg3 Kh1 58. Rxh3 xeque-mate.

◆ PARTE 6: TORRE E PEÃO CONTRA TORRE

Diagrama 75
51...... Rg6 52.Kh5 Re6 53.Ra5+ Ke4 54.Kg5 Re5+. Pretas vencem.

Rg6 protege o peão e corta o rei. O rei certamente irá atacar a torre, mas esta se moverá depois, já com outra ideia em mente. Note que, se a torre branca sair da coluna "A", o peão move, portanto o único jeito agora de brancas perturbarem o rei preto é dar xeque na coluna "A". Foi por isso que no lance 52 a torre voltou para e6 (erro neste lance significa catástrofe para pretas! Em 53. .....Kg5 indica a brancas que o rei está disposto a caminhar em direção à torre caso receba xeques. Se isso ocorrer muitas vezes, eventualmente o rei preto, seu peão e sua torre estarão juntos, e pretas, então, trocarão as torres e promoverão o peão. Se a torre branca ficar na coluna "A", o objetivo de pretas é ter o rei preto em b4 e a torre preta em b6, e assim xeque, troca de torres, peão promovido. 54. Kg5 não é erro, afinal, o rei precisou atacar a torre ou permanecerá aprisionado. Mas aí vem a jogada incrível de Steinitz: garfo com xeque, troca de torres e o peão sai cantando o hino nacional para a8! Brancas desistiram.

Diagrama 76
100. Re5+ Kd6 101. Re1 Rh8 102. f5 Rg8+ 103. Kf7 Ra8 104. f6Ra7+ 105. Kg6 Ra2 106. Rg1. Brancas vencem.

A ideia geral: brancas precisam maximizar o uso da torre, ou seja, cortar o rei e defender seu rei para que assim o rei e os peões consigam subir. 100. Re5+ corta, 101. Re1 prepara a torre para defender o rei depois, em caso de xeque por trás. Com 101.....Rh8 pretas tentam o ataque pela frente e brancas aproveitam a brecha para avançar o peão uma casa. 102.....Rd8+ não é problema, pois o rei ataca a torre imediatamente, ganhando a dianteira. 104.....Ra7+ não é problema, pois o rei se esconde facilmente e agora pretas não conseguem mais dar xeque, têm que fazer um lance sem xeque. Em 106. Rg1 impede qualquer xeque por trás e o peão poderá subir.

Por que não 100. f5+? Porque então 100.....Ke7 101.Kg7 Rf3 102. f6+ Rxf6. Duas torres sem peões é empate.

Parece fácil, mas consegue o leitor encontrar a solução por si só? Se não, não há problemas, pois o aprendizado acontece apenas quando os lances nos surpreendem.

Diagrama 77
58. Rxa4+ Kf3 59. Kc1 Kg3 60. Ra3+ Kg4 61. Ra4+ Kg5 62. Ra8 h463. Rh8 Kg4 64. Rg8+ Rg5 65. Rf8 h3 66. Kd1 h2. Pretas vencem.

O rei branco está em xeque, deve caminhar em direção ao seu peão: 58. Kf3. Note que 62. Ra8 e 63. Rh8 brancas poderiam empatar se tivesse jogado 64. Rxh4+ em vez de Rg8+. Em 64 pretas defendem com 64...Rg5 e agora pretas estão tranquilas porque com 65...h3 impedem 66. Rf1, já que o peão vem para h2 atacando a torre e se esta entra em h1 então rei branco para h3. Agora torre branca captura peão em h2, rei preto captura torre branca em h2 e o trabalho agora é levar o rei branco para um canto para o xeque-mate.

Diagrama 78
52. b4 Re4 53. Ka5 Re1 54.b5 Ra1+ 55. Kb6 Rb1 56. Kc6. Brancas vencem.

O peão pode avançar, já que seria vantagem para brancas se a torre preta o capturasse imediatamente! 52...Re4 é lance de espera: a torre não quer sair da fileira do peão. 53. Ka5 é para sair da frente do peão e 53....Re1 é preparo para dar xeque no rei branco, e brancas, astutamente, movem o peão em 54.....Ra1+, rei para b6. Note que o rei branco é mesmo irrequieto: vai para c6, instigando a torre a dar outro xeque para ele ir para b7, e quando a torre voltar para b1 ele avança o peão de novo. Que rei malandro! Pretas desistem.

Tivessem pretas continuado, qual seria a provável sequência?

Segue uma das possíveis sequências, embora esteja claro que pretas deveriam ter desistido há tempos:

(Nota: praticar os lances até o xeque-mate, apesar da desistência, é prática importante para o desenvolvimento da força enxadrística.)

1...Rc1+ 2.Kb7 Kh5 3.b6 Kh6 4.Rc8 (a troca das torres promove o peão) Re1 5.Kc7 Rc1+ 6.Kb8 (com a torre em c1 o peão irá dar mais um lance em seguida) Rb1 7.b7 Ra1 8.Rc6+ Kg7 9.Kc8 Rb1 10.b8=Q Rxb8+ 11.Kxb8, e agora é so encurralar o rei preto com a torre. Note as sutilezas dos lances 6. Kb8 e depois o necessário xeque no lance 8. Rc6+, o que permite ao rei branco sair da frente do seu peão para promovê-lo e trocar a nova dama pela torre. Nas finais um lance tem o peso de muitos lances do início da partida. Cada lance pode ser muito mais precioso, pois não há tempo para correções.

♦ PARTE 7: TORRE E PEÃO CONTRA CAVALO

Embora teoria não caiba nesta obra, vai aqui um breve resumo:

1. Torre e rei contra cavalo e rei é empate. É preciso que um lado tenha um peão,que será promovido, caso contrário é também empate.

2. O objetivo do lado com o peão é promovê-lo. Assim, um lado deve sacrificar a torre (ou o cavalo).

3. As manobras são altamente complexas e podem chegar a 50 lances antes da conclusão.

Leia: "Understanding Chess Endgames", por John Nunn, editora Gambit.

Diagrama 79
67.......Nd8 68.Rf5 Nc6 69.Rf6 Kb7 70.Kb5 Na7+ 71.Kc5 Nc8 72.Rh6 Na7 73.a6 Kb8 74.Rh7 Nc8 75.Rb7+ Ka8 76.Kc6 Na7+ 77.Kc7 Nc6 78.Kb6 Nb4 79.Rd7. Brancas vencem.

A questão aqui é: por que o rei preto não captura o peão? Veja o que acontece se o fizer: 1. Kxa5 Rf5+ Ka6 (ou Kb6) Rf6 com cravo e o cavalo será capturado, levando ao xeque-mate depois. E se o rei descer em vez de subir? Aí então: 1. Kxa5 Rf5+ 2. Ka4 Ra7 xeque-mate. Como se vê, pretas têm que mover o cavalo.

Com o cavalo em d8 ameaçando a torre, esta avança para f5 defendendo o peão. As finais de torre-cavalo-peão terão este padrão: ameaça e defesa até que ou se avança o peão ou se o captura. Não iremos aqui detalhar todos os lances desta seção, mas o leitor deve vagarosamente reprisar os lances e procurar pelos padrões de ataque à peça e defesa do peão, e, quando este não for capturado, olhe um ou dois lances depois para a possibilidade de xeque-mate ou perda de peça.

No lance 70 o cavalo poderia capturar o peão, por isso o rei branco entra em b5 para defendê-lo. É parte lógica deste tipo de finais que o rei, a torre e o peão estejam SEMPRE PRÓXIMOS.

Reprise até o final e veja que no lance 79 a partida se conclui com técnica admirável: a torre em d7 ameaça xeque-mate no próximo lance. O cavalo será capturado se tentar dar xeque em d5. Se capturar, o peão será também capturado. Ou seja, o cavalo é agora inútil e o xeque-mate pode ocorrer no próximo lance de brancas.

Diagrama 80

68......Ne5+ 69.Kg3 Ng6 70.Ra5+ Kh6 71.Kg4 Nf8 72.Ra6+ Kg7 73.h5 Nh7 74.h6+ Kf7 75.Kf5 Nf8 76.Ra7+
Kg8 77.Rg7+ Kh8 78.Kf6 Nh7+ 79.Kf7 Nf6 80.Kg6. Brancas vencem.

Aqui o cavalo vai para e5 com xeque. O que acontece se o rei capturar o peão imediatamente? 1. Kxh4 Rxg4+ e agora basta que brancas encurralem o rei para o xeque-mate. Portanto, 68....Ne5+

Neste tipo de final o rei deve sempre ir em direção ao seu peão: 69. Kg3; note que em 70. Ra5+ Kh6 o rei separa-se do peão, porém ainda está na sua frente. No lance 72 tanto rei preto quanto cavalos já foram perseguidos até o topo do tabuleiro, mas ainda tem muito terreno adiante.

Reprise até o lance 74 e pense: qual será o lance de brancas em 75?

Kf5 e não Kh5 (para evitar que a situação se deteriore: 1 Kh5 Ng8 2. Kg5 Kg8 e agora o rei preto quer entrar na frente do peão).

Reprise até o lance 77: Rg7+. Chegar-se a esta posição é crítico para o desfecho: note que o rei preto move-se e no próximo lance o rei branco já está na cozinha. O cavalo ainda dá um xeque em 78 e se oferece a ser capturado em 79. Por quê?

Se o cavalo preto for capturado no lance 80, é empate por afogamento.

Com o rei branco em g6, a partida encerra-se. Por quê?

Porque o cavalo tem que se mover, permitindo a torre ir para f7, ameaçando xeque-mate em dois lances. Veja:

1. ....Ne8 2. Rf7 Nf6 3.Rxf6 e agora o fim está próximo. Se brancas capturarem o cavalo em f6 com o rei também dá xeque-mate em três lances. Tente encontrar tais xeque-mates por movimentação mental, configure o tabuleiro para confirmar.

Diagrama 81
66. Kd3 Ke5 67. Ke3 Rh3+ 68.Kf2 Ra3 69.Ng3 Kf4 70.Nh5+ Kg4 71.Nf6+ Kf5 72.Nh5 Kg5 73.Ng7 h5 74.Ne6+ Kg475. Nc5 h4 76. Ne4 Kf4 77.Nf6 Ra2+ 78.Kg1 Rb2 79. Nd5+ Kg3 80. Kf1 h3. Pretas vencem.

O lance mais lógico para brancas é Kd3, caminhando em direção ao peão que está querendo promover.

Note que 67....Rh3+ permite ao rei branco entrar mais em direção ao peão, no entanto também permite que a torre vá para a coluna "A", de onde irá dar xeques no rei mais tarde. Este lance da torre para a3 praticamente ganhou a partida.

Por que o cavalo vai para g3 no lance 69?

Para perturbar o rei preto. Note quantos xeques consegue dar. Eventualmente os xeques acabam (lance 73) e o peão avança uma casa. E assim será: uma série de lances e xeques, quando os xeques param, o peão avança mais uma casa. Em 74 os xeques do cavalo continuam e em 75 o peão avança mais uma casa quando não há xeque. Mas em 77 a torre dá um xeque e corta o rei branco. Em 78 a torre para em b2 para manter a distância. O rei preto não pode entrar em e3 ou g3 ou levará xeque do cavalo, daí o lance da torre primeiro. Após o lance do cavalo, aí sim Kg3. Com 80, o peão preto avança mais uma casa e brancas desistem. Qual seria a sequência não fosse a desistência? Tente achar o xeque-mate por movimentação mental, depois configure o tabuleiro para confirmar. Solução abaixo.

1. Nc3 h2 2. Ne2+ Kf3 3.Nd4+ Ke4 4. Ne2 h8=Q+ 5. Kf2 Qh2+ 6. Kf1 Qxe2+ 7. Kg1 Qg2 xeque-mate.

Diagrama 82
50. Kb3 Rg3+ 51. Kb4 Ke5 52. Nc3 Re3 53. Kc4 Kf5 54. Kb4 Kg455. Na2 Kf3 56. Nc3 Kg2 57. Nd5 Rf3 58. Nc3 Kf1 59. Kc4 Ke1 60. Kb4 Rh3. Pretas vencem.

O rei faz o que lhe cabe: ameaça capturar o peão e a torre defende com xeque. O rei sobe para b4 para bloquear o rei preto o máximo possível. E agora?

Cavalo para c3 é o lance lógico, pois bloqueia a torre e ameaça o peão caso este se mova. Dos lances 53 até o lance 59 o rei preto irá dar a volta por trás da torre em direção ao seu peão por baixo.

Por que no lance 53 o rei preto vai para f5 em vez de f4?

Porque se o fizesse, então Nd5: garfo, pretas perdem a torre e em seguida cavalo para c2, e o peão será capturado, empate. Reprise para ver.

Reprise até o lance 60. Rh3 e encontre a sequência até que pretas percam o peão.

1. Kc4 Kd2 2.Nb1+ Kc2 3. Nxa3+ Rxa3 e agora é só encurralar o rei branco para o xeque-mate.

Note que Kb3 no primeiro lance de brancas é pior, pois perde o cavalo após rei preto para d2.

♦ PARTE 8: TORRE E PEÃO CONTRA BISPO

Diagrama 83
47. Rxb5 Bc3 48. Rb6 Bd4 49.Ra6 Kh7 50.Kf3 Kg751. Kg4 Bf6 52. Kh5 Bd4 53.Rg6+ Kh7 54. Rd6 Bc5 55. Rd7+ Kg8 56. Kg6 Kf8 57. h4 Bb4 58. h5 Ba5 59. h6 Kg8 60. Ra7 Bd8 61. Ra8. Brancas vencem.

A lógica destas finais é a seguinte:

O bispo irá para uma diagonal onde captura o peão, a torre irá atacar o bispo, este se move para uma casa onde ataca a torre (forçando-a a perder a vez) ou move-se para outra diagonal onde fica esperando o peão chegar, a torre corta espaço do rei inimigo e em algum lance, se puder, dá xeque em uma posição tal que consegue capturar o bispo em seguida. O rei dono do peão fica perto do peão. Se o bispo não for ameaça imediata, ele move o peão, se a torre estiver bem posicionada, não deixando o bispo atacar, o peão pode até caminhar novamente para uma casa da cor do bispo e em seguida caminhar de novo. Se o rei inimigo estiver num canto e o peão estiver em casa de cor oposta à do bispo, o rei pode deixar o peão para trás e caminhar em direção ao rei inimigo para encurralá-lo, para depois mover o peão (nestes casos, a torre terá que impedir o bispo de esperar o peão em outra diagonal. Com isso em mente, eventualmente, o rei e a torre donos do peão irão encurralar o rei inimigo e promover o peão.

Neste diagrama, sob ataque, o bispo tem que se mover. Por que não 47....Be7?

Porque a torre para b7 coloca um cravo no bispo. 47....Bc3. Em 48, Rb6 é para cortar o espaço do rei. Bd4 é para perturbar a torre, que agora vai para uma casa branca onde o rei não pode incomodá-la. O rei branco faz dois lances. O objetivo aqui é avançar o rei o máximo possível antes de mover o peão, pois o rei precisa estar na região do rei inimigo para poder promover o peão. Em 51......Bf6 este impede o peão de avançar. Note que nesta posição 52, se a torre capturar o bispo, aí pretas têm várias formas de empatar, já que o rei preto consegue chegar a h8 antes da chegada do peão. Nesta posição, pretas poderiam tentar induzir o empate fazendo o lance de rei 52....Kf7, mas em vez moveu o bispo e a torre deu xeque: 53. Rg6+ e em 54 o padrão: sai do xeque já atacando o bispo. Isso mantém pretas na fuga e permite brancas manterem o ataque a cada lance. 54....Bc5 não leva a nada. A torre sobe com xeque. Reprise os lances até 59. h6. Veja como o rei preto ficou sem espaço e o rei branco e seu peão avançaram várias vezes. Essa é a ideia nas finais de torre contra bispo. A torre sempre terá vantagem. Em 59....Kg8 pretas tentam induzir brancas a um erro primário: ele quer que a torre suba em xeque (pensando que irá dar xeque-mate e é capturada pelo bispo), mas isso não ocorre!. 60. Ra7 mantém o rei preso e faz o bispo mover-se. 60.....Bd8 é o suicídio por 61. Ra8 coloca um cravo no bispo que o próximo lance será xeque-mate. Reprise esta final e observe os padrões de reação antes de rever as três próximas finais.

Diagrama 84

66.Bf2 Kf567.Ke3 Ra4 68.Kf3 Ra3+ 69.Be3 Rb3. Pretas vencem.

A única casa para o bispo é f2. Note que em 67 a torre sai para dar xeques laterais, tática comum nestes tipos de finais, sobretudo quando o peão está chegando à sexta fileira. Peão na sexta fileira é sempre importante, pois com um xeque ele se torna ameaça potencial, indo para a sétima e à beira de promover. No lance 68. Kf3 é por falta de opção, pois o rei branco não pode ir para longe da coluna "e" de onde o peão está vindo. Em 69. Be3 força o rei para baixo, já que este não quer se separar do seu bispo. A este ponto brancas gostariam que pretas sacrificassem a torre capturando o bispo, e aí rei captura torre e a posição após isso seria: peão preto em e5, rei preto em f5 e rei branco em e3, empate! (tente encontrar o empate no tabuleiro, veja resposta abaixo). Como pretas não capturam o bispo com a torre, brancas desistem, caso contrário, será xeque-mate. Tente encontrar o xeque-mate a partir do último lance oficial da partida acima. Veja resposta a seguir:

Solução para o empate caso a torre capturasse o bispo no lance 70.

1...Rxe3+ 2.Kxe3 e4 3.Kd2 Kf4 4.Ke2 e3 5.Ke1 Kf3 6.Kf1 e2+ 7.Ke1 Ke3. Sem opção, pretas têm que conceder o empate por falta de lances para brancas.

Solução para o xeque-mate caso a partida continuasse:

1.Ke2 Ke4 2.Bg5 Ra2+ 3.Kf1 Kf3 4.Bf6 Ra1#

Diagrama 85
82.Kf2 Ke4 83.Ba5 Ra3 84.Bb6 Ra2+ 85.Kf1 Rc2 86.Ba7 Rb2 87.Bc5 Kf4 88.Bd6+ Kg4 89.Bc5 Rd2 90.Bb6 Rd7 91.Kf2 Kf4 92.Be3+ Ke4 93.Bb6 Rd2+ 94.Kf1 Rb2 95.Bc5 Rb5 96.Ba7 Kf4 97.Bd4 Kg3 98.Bf2+ Kf4 99.Bd4 Ke4 100. Ba7 Ra5 101.Bb6 Ra6 102.Bc5 Kd5 103.Be3 Rc6 104.Kf2 Ke4 105.Ba7 Rg6 106. Bc5 Rg2+
107.Kf1 Rb2 108.Ba7 Kf4 109.Bc5 Kg4 110.Bd4 Rd2 111.Bb6 Kh3 112.Ba7 Rc2 113.Bd4 Kg3 114.Be5+ Kg4 115.Bd4 Kf4. Pretas vencem.

43 LANCES APÓS RESTAREM APENAS REIS, TORRE, PEÃO E BISPO! Brancas estavam mesmo dispostas a lutar!

A final é longa. Vejamos os primeiros e os últimos lances. O leitor deve reprisar todos os lances acima a partir do diagrama. Note que o padrão "torre dá xeque e ataca bispo em seguida ou bispo ataca torre e volta à diagonal em seguida" se repete. Note que o bispo TEM que ficar na diagonal a7-g1, pois não pode permitir que o peão passe.

O primeiro lance é óbvio, porque nestas finais o rei deve sempre atacar o peão, e o segundo lance também é obviou, pois o rei do peão TEM sempre que estar próximo ao peão, assim ele o protege enquanto a torre dá xeque e ataca o bispo.

Pare no lance 102: note o truque de brancas: o rei abandona o peão e ataca o bispo. Se o rei branco caminhar para capturar o peão, o rei preto captura o bispo e a final será de rei contra torre. Brancas não caem no truque e em 104 o rei preto está de volta e novamente o bispo move-se (já que o rei branco não quer se afastar do peão) e o bispo move-se, mantendo-se na diagonal.

No lance 105 ...Rg5 Nakamura muda de estratégia: irá jogar a torre para o lado mais curto do tabuleiro, depois cruzar para o lado longo, trazendo o seu rei para aquele lado curto e assim apertando mais ainda o rei branco. Esse é o pensamento de longo prazo. Isso é possível devido ao xeque à vista em g2, casa branca sem interferência do bispo. Agora o rei branco está confinado na fileira 1. A torre não mais dali sairá até a conclusão da partida no lance 115. A questão agora é: por que brancas desistiram? De acordo com as as teorias enxadrísticas (De Villa, 2008 p. 219; Benko, 2007, p. 47; e Giddins, 2007, p. 77), quando o peão está na sexta fileira, o bispo inimigo guarda a casa na frente no peão e este peão está na fileira "c" ou "f" (chamadas de peão do bispo), a partida é empate. Se brancas desistiram, talvez seja porque não soubesse desta regra? Nem mesmo software (Fritz) encontrou xeque-mate. Veja os lances de software a seguir e note como as posições repetem os padrões sem progresso para o lado com o peão.

1.Ba7 Ke4 2.Bb6 Rb2 3.Bc5 Kd3 4.Ba7 Rb5 5.Kf2 Ke4 6.Kg1 Rg5+ 7.Kf2 Ra5 8.Bb6 Ra6 9.Bc5 Ra2+

10.Kf1 Rd2 11.Ba7 Rd6 12.Kf2 Rd7 13.Be3 Rd5 14.Ba7 Rh5 15.Kg1 Rb5 16.Kf2 Rg5 e não há progresso.

Diagrama 86

66. Kg5 Rf6 67. Bf5 Ke3 68.Bh7 Kd4 69.Bc2 Ke5 70.Bh7Rh6 71.Bg6 Rh1 72.Bh5 Rg1+ 73. Bg4 g6 74. Kh4 Kf4 75. Bh3 g5+ 76. Kh5 Rh1. Pretas vencem.

O rei branco no seu primeiro lance vai para a frente do peão, e a torre corta o rei em 66..Rf6. Com o bispo para f5 no lance 67, resta ao rei preto apenas ir para e3, já que este quer chegar em e5, passando apenas por casas escuras, já que a torre bloqueia o rei branco. Até o lance 70 brancas não conseguem progresso e note que neste lance a torre ameaça o bispo.

Note agora que, se a torre for por trás do rei branco enquanto este está espremido, o mesmo terá que se afastar. Esta é a ideia básica dos lances 71....Rh1 e 72.....Rg1+. Note que em 73 brancas gostariam de trocar o bispo pela torre e ter uma final de rei contra peão com o peão na coluna "g" (empate). Note que a teoria enxadrística mostra que com o rei inimigo na frente e o peão sendo "b" ou "g", a final é empate.

Em vez de capturar o bispo, pretas oferecem o peão de graça (se é de graça, custa caro!). Se brancas capturarem, aí torre captura bispo com xeque e a final é ganha para pretas. Portanto, 74. Kh4. Note que em 75 o peão vai para g5 com xeque. O lance 76....Rh1 é o fechamento magnífico: o rei branco não pode voltar e, ao subir, perde o bispo, e a final será de torre contra rei. Agora, o que aconteceria se em vez de 76....Rh1 pretas tivessem jogado 76.....g4?

Resposta: pretas venceriam também, promoveriam à dama e teriam que voltar para concluir o trabalho. O lance 76....Rh1 colocou um fim rápido ao sofrimento. Tente encontrar a sequência se o lance 76....g4 tivesse acontecido (o bispo não iria capturar o peão) e ache a solução em que pretas promovem à dama e voltam para vingança com dama e torre contra bispo!

◆ PARTE 9: TORRE CONTRA DAMA

Diagrama 87

57...... Rg5+ 58.Kd6 Rg6+ 59.Ke5 Rg5+ 60.Kf6 Rg6+ 61.Kf5 Rg7 62.Qe8. Brancas vencem.

A vez é de pretas. Se pretas não derem xeque, o rei branco move-se em sua direção. Portanto: Rg5+, mas o rei mesmo assim move em sua direção! O rei com a dama deve sempre atacar a torre. Os xeques e o rei avançando para a torre persistem por quatro lances. Note que pretas não podem tirar seu rei de trás da torre, veja: 57....Kh6 58. Qh4 xeque-mate ou 57. ...Kg8 58. Qe8+ Kh7 59. Kf6 Kh6 60. Qf8 e a torre se vão no próximo lance.

A partida encerra-se no lance 62 com Qe8.

Se pretas não tivessem desistido, como seria a sequência até a captura da torre?

1...Rg1 2.Qf7+ Kh6 3.Qf6+ Kh7 4.Qh4+ Kg8 5.Qd4 Rc1 6.Qb6 Kf7 7.Qg6+ Ke7 8.Qg5+ Kd6 9.Qxc1

Como se vê, não é tão simples. A dama tem que pensar dois ou três lances adiante de tal modo que ao dar xeque capture a torre DIAGONALMENTE.

Diagrama 88

72.....Rg6+ 73.Kf7 Rc6 74.Qb5+ Rb6 75.Qd7+ Ka6 76.Qa4+ Kb7 77.Ke7 Kb8 78.Kd7 Rb7+ 79.Kd8 Rb6 80.Qd7 Ka8 81.Qd5+ Kb8 82.Qc5 Rh6 83.Qe5+ Ka8 84. Qe4+ Ka7 85. Qe3+ Rb6 86. Kc7. Brancas vencem.

A história é sempre a mesma: neste tipo de finais o rei ataca a torre e a torre ataca o rei, portanto o primeiro lance é 72....Rg6+ e, como previsto, o rei responde atacando a torre:73. Kf7 e a torre agora ataca a dama (sabendo que a dama não vai ficar parada ali pra ser capturada). Com o xeque da dama no lance 75, o rei entra atrás da torre, recebe outro xeque e neste momento o rei preto dá um passo em direção ao conflito. Com a torre atrapalhando, o rei preto só consegue mesmo subir e o rei branco aproxima-se a cada oportunidade. A ideia geral aqui é encostar o rei na região do conflito para que a dama nele salte. Agora reprise observando os movimentos da dama, torre e rei preto até o lance 84, quando o rei preto vai para a7: neste momento você daria xeque com a dama em d4 ou e3?

A resposta é e3, pois a dama irá sempre tentar dar um xeque de tal forma que entre no garfo diagonal. Note que na partida pretas resistem e bloqueiam com a torre, o que permite o rei branco encostar. É por isso que o rei da dama tem que caminhar para a região do rei da torre, pois em certo momento, geralmente após um xeque, o rei branco encosta e, então, a torre é capturada. Parece fácil, mas trata-se de finais, portanto o tempo no relógio e o nervosismo podem interferir. É preciso se praticar isso centenas de vezes para fazer os lances certos e rápidos (se necessário).

Diagrama 89

53. Kd4 Kf7 54. Re3 Qd6+55. Kc3 Qc5+ 56. Kd3 Kf6 57.Re4 Kf5 58.Re3 Kf4 59. Re4+ Kf3

60. Rd4 Qb5+ 61. Rc4 Qd5+ 62.Kc3 Ke3 63.Rb4 Qc5+ 64.Kb3 Kd365. Ka4 Kc2 66. Rb5 Qa7+ 67.Kb4 Kd3 68.Rd5+ Ke4 69.Ra5 Qd4+70. Kb3 Kd3 71. Ra2 Qb6+ 72.Ka4 Kc3 73.Ra3+ Kb2 74.Rh3 Qc6+ 75.Ka5 Qd5+ 76.Kb4 Qd4+ 77. Kb5. Pretas vencem.

Note que no primeiro lance de brancas o lance é óbvio porque o rei sempre tem que ficar junto à torre (se separar, irá levar xeque até a dama colocar um garfo entre eles e capturar a torre): 53. Kd4. A questão agora é o que pretas irá fazer? Note que dar um monte de xeque é insulto barato: brancas irão sempre trazer seu rei para próximo do rei inimigo, portanto 53....Kf7. Se o leitor conseguiu ver estes dois lances simples por conta própria, já está indo muito bem, já entendeu a linha básica de pensamento. Agora, o que é que brancas fazem no seu terceiro lance? Pensemos: a torre contra a dama é como um cachorrinho pequeno rosnando para pastor alemão, portanto, a torre sempre ataca a dama ou o rei. E assim a torre fica rosnando o tempo todo, querendo o empate. Portanto, 54. Re3 atacando a dama. O que a dama vai fazer agora? O pastor alemão vai atacar o rei diretamente: 54....Qd6+. O rei foge, neste momento pretas têm duas opções: 1: mover seu rei para a região ou 2. fazer uma ameaça. Em xadrez a ameaça é tão poderosa quanto o fato: 55......Qc5+ . Note que o lance da dama ameaça capturar a torre, forçando o rei de volta para perto da sua torre. E agora o rei preto dá um passo. Note que em 57 a torre não pode rosnar para o rei, pois se o fizer este dará mais um passo para a frente e no próximo lance a dama está dando xeque bem na cara do rei, portanto 57. Re4. Agora pensemos, o que brancas irão fazer? Nestes tipos de finais é sempre a mesma história: torre ataca rei e rei ataca torre, é a vez do rei atacar, portanto 57.....Kf5. A torre foge e o rei preto é infernizado mesmo: ataca de novo! 58.....Kf4. E agora o que fazem brancas? Mesma história: torre ataca rei e rei ataca torre, portanto: 59. Re4+ e o rei desce para f3 e agora se a torre postar será capturada pela dama com xeque no nariz do rei, portanto 60. Rd4 bloqueia tudo. Reprise todos os lances até o lance final, 77. Kb5, e explique por que, neste ponto, brancas fazem o lance do rei para b5 e desistem. O próximo lance seria de pretas.

Explicação:
Porque Qd7+ e captura a torre.

Diagrama 90
74......Rd4+ 75.Kb3 Rd5 76.Qc8+ Kd6 77.Kc4 Re5 78.Qb8+ Ke6 79.Kd4 Rd5+ 80.Ke4 Rd7 81.Qe5+ Kf7 82.Kf5 Re7 83.Qh8 Rd7 84.Qh7+Ke8 85. Qg8+ Ke7 86. Ke5 Rc7 87.Qg7+ Kd8 88.Qf8+ Kd7 89. Kd5

Rc1 90.Qf5+ Ke8 91.Qg4 Re1 92.Kd6 Kf7 93.Qf3+ Ke8 94. Qg3 Rd1+ 95. Ke6. Brancas vencem.

O lance de pretas é altamente previsível: a torre sempre ataca o rei ou, se estiver coladinha no seu rei, ataca a dama também, portanto 74....Rd4+. Note que o rei também sempre ataca a torre. No lance 75 a torre saiu, rosnou para o rei branco, mas teve que voltar correndo para o seu rei. A dama dá xeque no lance 76 para, em seguida, mover seu rei para perto da torre. Agora a torre tem que correr e no lance 78 a dama dá outro xeque com garfo. No lance 79 o rei encosta de novo na torre e leva um xeque, mas, ao mover-se, a torre sai correndo de novo. Note que este padrão de rosnar e correr é típico das torres em finais contra a dama. Reprise os lances e pare no lance 81. Aqui a dama separou o rei da torre. O que a dama irá fazer no próximo lance?

A surpresa é: rei para f5 aperta o rei preto ainda mais, já que brancas não correm nenhum risco. Pretas, como sempre (com a torre), é o cachorrinho: torre para e7 é um desses latidinhos que não põem medo: dama para h8 é coisa séria, pois agora a torre não consegue dar xeques e a dama está em ótima posição para uma série de xeques. Mas o rei não tem lance, portanto torre move-se de tal forma que denuncia sua intenção no próximo lance. Note o padrão de agora até o lance 89: torre dá um passinho, a dama dá um xeque, o rei se move e em seguida o rei da dama se aproxima... aí tudo se repete: a torre dá um passinho, a dama dá um xeque etc. Em 89 a torre desce para dar xeque por trás, caso contrário acabará no canto junto com o seu rei. Note que no xeque de torre do lance 94 o rei branco maliciosamente entra na frente do rei preto na fileira 6, ou seja, o rei preto não pode descer. Note que, se a torre agora der xeque, será capturada pela dama (diagonal). Se não der xeque, então dama para g8 (não b8, já que a torre bloqueia em d8), xeque-mate.

Diagrama 91

79......Rf3+ 80.Ke4 Rf2 81.Qg8+ Kh2 82.Ke3 Rg2 83.Qb8+ Kg1 84.Kf3 Kh1 85.Qb7 Kg1 86.Qc7 Kh1 87.Qe7 Kh2 88.Qe1 Ra2 89.Qh4+ Kg1 90.Qg5+ Kh1 91.Qh6+ Kg1 92.Qg6+. Brancas vencem.

Olhe para o diagrama. O que pretas irão fazer? Cachorrinho rosna! Sempre a mesma coisa: torre ataca o rei e o rei ataca a torre. É a vez da torre: 70....Rf3.

O rei foge, o que a torre vai fazer? Cachorrinho! Ela volta correndo para o seu rei: Rf2. E agora é a vez de brancas. O que a dama vai fazer? Vai dar um xeque, o rei se move, ela então dá outro xeque ameaçando a torre ou aproveita para que o seu rei ataque a torre: 81. Qg8+, o rei preto foge e 82. Ke3 atacando a torre. Este padrão repete-se até que a dama consiga capturar a torre ou garantir xeque-mate, após separar o rei da torre (ou pelo menos atingir uma posição onde a torre não entre na defesa pós um xeque. Reprise até o lance 86 e pare. Pergunta: Por que a dama vai para e7 no lance 87?

Porque se a torre descer para g1 na vez de preta, dama para h4 é xeque-mate. Se a torre se separar do rei, é contra a lógica do cachorrinho. Portanto, o rei tem que se mover. Reprise até o último lance e responda: por que após o xeque 92. Qg6+ pretas desistem?

Resposta: 92.....Kh2 93. Qh7+ Kg1 94. Kb1+ , o rei se move e a dama captura a torre.

Se 92....Kf1, então 93. Qb1 xeque-mate.

Conseguiu ver isso antes de ler a resposta? Pratique encontrar o xeque-mate após desistências. Tente movimentar as peças mentalmente antes de testar a solução no tabuleiro.

Diagrama 92
83. Rf7+ Ke6 84. Rg7 Qf5 85.Kh8 Qf8+ 86.Kh7 Qe8 87.Rg6+ Kf7 88.Rg4 Kf6 89.Rg7 Qe4+ 90.Kg8 Qe6+ 91.Kh7 Qe8 92.Ra7 Qe4+ 93.Kg8 Qc4+ 94.Kh8 Qc8+ 95. Kh7 Qc2+ 96. Kg8 Qb3+ 97. Kh7 Qb1+. Pretas vencem.

Lembre-se: Cachorrinho sempre rosna: torre ataca rei e rei ataca torre, portanto o primeiro lance de brancas é 83. Rf7+. Note que após o rei fugir a torre volta para o seu rei ou o seu rei esconde-se atrás dela. Voltou. A dama poderia agora dar xeque, mas a sequência seria improdutiva, pois o rei branco iria ficar rodeando a torre após cada xeque. Portanto, 84. Qf5. O que pretas têm em mente?

Se 85. Kh8 Qh5+ 86. Kg8 Kf6 e agora pretas estão em apuros, veja os lances seguintes até a captura da torre:

87.Rg1 Qd5+88.Kh7 Qe4+89.Kg8 Qa8+ 90.Kh7 Qa7+91.Kg8 Qxg1+e lá se foi a torre. Obivamente os Metres e Grandes-Mestres geralmente não calculam todos os lances (na maioria das vezes), mas sim percebem que a posição é favorável. Note que a partida real teve padrão diferente, porém brancas acabam ganhando por desistência. Compare os dois padrões desta final (realmente jogado acima e o sugerido pelo autor). Encontre similaridades. Agora, reprise até o último lance, após o xeque em 97, e encontre a sequência de lances até que a torre seja capturada. O lance é de pretas. Dica: dois lances!

Resposta:
98. Kg8 Qg1+ o rei se move e a torre é capturada. E se 98. Kh8 Qb8+ o rei move e a torre é capturada!

Viu a tempo?

♦ PARTE 10: DOIS BISPOS DA MESMA COR

Diagrama 93
60.b4Bd7 61.Bc6 Bc8 62.b5 Kg5 63.b6 Kf6 64.Kd6 Kf7 65.Kc7 Ba6 66.Bb5. Brancas vencem.

O rei, seu bispo e peão TÊM que se manter juntos. Assim, em algum momento o rei em vantagem irá oferecer a troca de bispos, Com a troca, rei captura bispo inimigo e promove o peão. Por outro lado, é preciso ficar atento, pois, se o rei inimigo em desvantagem estiver por perto durante a troca de bispos, o rei em desvantagem poderá aproximar e acotovelar o rei em vantagem, bloqueando a promoção do peão. Com isso em mente, o lado em vantagem deve pensar nas manobras do seu rei para não permitir o empate. Nesta partida, Pillbury ofereceu o bispo em b5, mas poderia também jogar Bb7, já que o rei preto não tem como se aproximar (mesmo com Kxb7 o rei preto não consegue encostar e o peão será promovido).

Diagrama 94
45.Ba5 Bf4 46.Bb6 Ke4 47.Kb3 g3 48.Kc2 Be3 49.Bc7g2 50.Bh2 Kf3 51.Kd3 Bb6. Pretas vencem.

Note que os lances dos bispos são altamente lógicos e quase previsíveis. Aqui está a lógica:

45 Ba5 é uma preparação para o bispo entrar em b6. Se ficar onde está, o rei preto irá tentar a troca dos bispos (com o rei recapturando o bispo branco) e assim promoverá o peão. Por isso, o bispo preto já corre para uma posição de onde irá atacar o peão caso este se mova. Note agora que antes de o bispo branco ir para b6 o bispo preto vai para f4. Isso ocorre porque se pretas moverem o peão o bispo branco entra em b6 e cria um cravo. Caso o peão se mova, o bispo branco é capturado e o bispo branco já fica em posição para recapturá-lo na promoção. Estas são as ideias por trás destes lances. Note que no lance 48 o rei preto e seu bispo já totalmente impediram o bispo branco de ataque. Mas no lance 50 o bispo branco já está em h2, esperando o peão promover. O rei branco vai para d3 e agora se pretas descerem com o bispo irão bloquear seu próprio rei, por isso o bispo preto afasta-se. Diante disso, o rei branco se concientiza de que qualquer que seja seu lance o rei preto encostará no seu peão e em seguida trará seu bispo, irá trocá-los e promover o peão, portanto brancas desistem.

Diagrama 95
70.Ke3 Kc3 71.Ke2 Bh472.Kf1 Kd3 73.Bh6 Bg3 74.Bg5 Be5 75.Bc1 Bd4 76.Ke1 Be3 77.Ba3Kc3 78.Ke2 Bg5. Pretas vencem.

O rei branco tem que ameçar o bispo preto: Ke3. Pretas não precisam entrar em pânico, aproveita para aproximar seu rei do peão preto: Kc3. Em 71 o bispo tem que fugir para longe para não ser atacado de novo. Sem opções, o rei branco vai para f1. O rei preto tem que sair de trás do peão, melhor sair para o lado em que está o rei branco para, assim, já estar preparado para acotovelá-lo. Em 73. Bh6 é porque o bispo precisa mover-se para prolongar as manobras do bispo preto que irá tentar capturá-lo. 74. Bg5 é um lance de espera: brancas continuam a defender a casa c1 e dá a vez para pretas. 74....Be5 é crítico: pretas irão trazer o bispo para perto do rei e forçar a troca. 75, bispo branco para c1 é uma tentativa do bispo branco de induzir o bispo preto para a casa d2, o que permitirá o bispo branco ir para b2, impedindo, assim, a promoção do peão, e se este promover será empate (bispo e rei não conseguem dar xeque-mate e, por outro lado, se pretas abandonarem o bispo, brancas capturam e o rei preto jamais conseguirá capturar o bispo branco. Rei branco para d1 é mais uma tentativa de induzir o bispo preto para c3 com xeque, o rei move-se e não há progresso. Mas o bispo preto não cai no truque e vai para e3 propondo a troca. O bispo branco para a3 mantém a defesa de brancas. Note que após o lance Bg5 o rei branco só consegue ir para e1 ou a coluna f e isso permite, então, ao rei preto atacar o bispo branco. Como se vê, o bispo branco não pode descer para b2 ou c1, pois será capturado e, se fugir para cima, o peão promove-se, portanto, brancas desistem. Como se vê, os lances de bispos sempre contemplam o que ocorrerá um ou dois lances depois com o OUTRO bispo.

Diagrama 96
61.a6 Bd4 62.Kf3 Ba7 63.Be3 Bb8 64.Ke4 Kg6 65.Kd5 Kf5 66.Kc6 Ke4 67.Kb7. Brancas vencem.

O peão branco sob ataque move-se. A questão agora para pretas é a de colocar seu bispo na casa a7 e ali ficar para impedir o peão de passar. Para brancas, a questão é se remover o bispo preto de a7. Assim, 61. Bd4 é lógico e brancas movem o rei imediatamente com alcance duplo: a) no próximo lance poderá propor a troca de bispos, o que permitira a promoção do peão e b) com o rei em f3 o rei preto terá espaço cortado caso tente descer. O lance 64. Ke4 é decisivo: fica claro que o rei preto não consegue chegar ao canto do peão a tempo e ainda: o rei branco irá forçar o bispo preto a fugir, dando a brancas a promoção do peão. O resto é corrida de reis. Em 67 Kb7 o bispo preto tem que fugir e o peão será, então, promovido.

Desde a posição inicial já estava claro que o peão promoveria: o rei preto está no outro lado do tabuleiro e os bispos são da mesma cor, portanto a parte com peão vence. Mas brancas continuaram jogando na esperança de algum erro infundado de pretas.

Diagrama 97
56. Be2 Kg3 57. Kd2 Bf3 58.Bc4 Bg4 59.Bd5 Bh3 60.Be4 Bg2 61.Bd3 f3 62.Ke3 f2 63. Bc4 Bd5 64. Bf1 Bc6. Pretas vencem.

O lance 56. Be2 tem o objetivo de induzir pretas a mover o peão, bispo captura peão, bispo captura bispo e pretas ficam lindamente com o bispo, mas sem possibilidade de xeque-mate. Muito inocente, e pretas não caem na malícia. 56 Kg3 é para propor a troca de bispos em f3 para em seguida promover o peão. O rei branco aproveita-se para encostar mais no canto por onde está vindo o peão. Em 57 pretas querem trocar os bispos. O bispo branco vai para c4 já tendo em mente bloquear o peão de d5. O bispo preto, já prevendo isso, vai para g4 para dois lances depois oferecer a troca de g2. No lance 60 a troca é proposta e brancas recusam, mas agora o peão consegue avançar uma casa. O rei branco para e3 é a tentativa de manter-se perto do peão sem bloquear seu próprio bispo. Com o bispo branco ainda na diagonal de promoção, o peão não pode ainda avançar para f1. O bispo branco vai para c4, pois precisa manter-se na diagonal de promoção. Pretas malandramente oferecem o bispo. Se brancas capturam, seu bispo acaba em d5 e o peão promove no próximo lance. O bispo branco vai para f1, teimosamente bloqueando o peão, e o bispo preto vai para c6 em lance de espera. Agora, se o bispo branco sair de f1, o rei preto entra em g2. Se o rei branco for para e3, Bb5+, o rei não pode entrar em e1 e perderá o bispo, levando à promoção do peão. Se o rei branco for para d2, então: Kh2, 2. Bc4 Bg2, 3. Ke3 Kg1, 4. Kd2 Bf1 e agora a troca ocorre, ou, se o bispo branco foge, o bispo preto sai de f1 e o peão promove.

Diagrama 98

50. Bh3 Kg5 51. Kc3 Kh4 52.Bf1 Kg4 53.Kd2 Kf3 54.Ke1 Bf5 55.Bb5 Kg256. Bc6+ Kh2 57. Bb7 Bh3 58. Bc6 Bg2. Pretas vencem.

No primeiro lance, Bh3, brancas gostariam que o peão se movesse, bispo branco captura, bispo preto captura bispo branco, empate. Corretamente o rei preto desce para o ataque ao bispo. Com tempo, o rei branco vai para c3, andando em direção ao peão. O rei preto, então, ataca o bispo que só tem uma casa de fuga, f1. O rei preto vai para g4 tentando seduzir o bispo branco a dar xeque em e2, e então o bispo preto defende em f3. Com a troca de bispos, o peão promove. Percebendo a cilada, brancas movem o rei para mais próximo mais uma vez. Em 53 o rei preto faz o lance lógico, caminhar para baixo para auxiliar o peão na sua promoção. Em 54, rei branco para e1 elimina qualquer lance possível ao rei preto. Se o peão avançar, será capturado pelo bispo, empate. Portanto, pretas agora têm que mover o bispo. O objetivo de pretas agora é trazer o bispo para h3 e em seguida tomar a diagonal branca a8 até h1 do bispo branco, permitindo assim seu peão a caminhar. Se o bispo preto entar nesta diagonal primeiro, irá aniquilar o bispo branco, caso este ponha sua cabeça ali. Em 54 o rei branco não pode se mover, portanto o bispo irá tentar dar um xeque de longe e continuar a controlar a passagem do peão preto. Ao ir para f5, o rei apodera-se de g2. Note que, tivesse o bispo dado xeque de e2, o rei iria para g2 e com novo xeque, para h2, e em seguida o bispo preto viria para h3 e pretas venceriam rápido. Em 57 o bispo branco vai para b7 e agora a única preocupação de pretas é a de trocar os bispos. Bh3 e depois Bg2 efetua a troca e promove.

Diagrama 99

44...... Kf5 45.Kc6 Ke6 46.Bg3 Ke7 47.Bf2 Kd8 48.Bc5 Bb2 49.a4 Bc3 50. Bb6+ Kc8 51.a5 Kb8 52. a6 Bd2 53. Kd5 Bf4 54.Ke4 Bd6 55.Bd4 Ka8 56.Be5 Be7 57.Bd4 Bd6 58.Kf5 Bc7 59.Be5 Ba560. Ke4 Ka7 61. f4 Kxa6 62. Kd5 Kb7 63.f5 Bd8 64. Ke6 Kc665. Bf6 Ba5 66. Bh4 Bc3 67.Bg3 Bg7 68.Be5 Bf8 69.f6 Bh670.f7 Bf8 71. Bf6 Bh6 72.Be7 Bg7. Brancas vencem.

Com dois peões brancos separados e bispos da mesma cor, pretas terão que lutar muito, mas perderão. A primeira preocupação de pretas aqui é centralizar o rei preto. Eis os lances de 44 a 47. No lance 48 brancas oferecem a troca de bispos. Pretas têm que recusar e assim o peão branco avança duas cases para a4. Com 49....Bc3 o peão é impedido de ir para a5. Com o bispo branco indo para b6, o peão está livre para avançar para a5. Se capturado, bispo captura bispo, e brancas irão promover o outro peão, agora parado em f3 (note que o rei branco chegaria ao peão antes do rei preto e promoveria). O rei preto avança para b8 no aguardo da chegada do peão branco. Note que em teoria pretas já poderiam ter desistido há tempos se a premissa fosse a do jogo perfeito, ou seja, sem erros. Isso porque rei e bispo conseguem capturar um peão fazendo a troca de bispos, mas não dois, sobretudo quando os dois peões estão separados e o rei do peão inimigo consegue encostar nele primeiro (e os bispos são da mesma cor). Mas pretas têm esperanças de erro. O peão avança para a6 e agora a final fica complexa: o preto não consegue entar na diagonal para parar o peão em a7. Se pretas entregarem o bispo: 1. Ba5 Bxa5 2.Ka7, o peão será então capturado, mas o outro peão branco começa a subida imediata e será promovido. Com 52. Bd2 pretas estão dispostas a bloquear o peão ainda parado em f3. O rei branco imediatamente caminha para a região, abandonando o seu peão na coluna "a". O peão preto vai para f4 no lance 53, forçando o rei branco a expulsá-lo. Em seguida ele vai para d6 e se o rei branco quiser ataca-lo indo para d5 ele volta para f4 e estaria muito feliz em brincar o dia inteiro de f4 para d6 e volta para f4 até ganhar empate por repetição. Mas o rei branco não de distrai: Bd4 com o plano de Be5, cravo com a troca dos bispos e o peão branco promove. Pretas, percebendo o plano, tira o rei da linha de fogo, este indo para a8. Brancas, com cara de pau, jogam Be5 oferecendo o bispo. Se capturado, rei branco captura rei preto e peão promove. Bispo preto sobe para e7 e agora brancas terão que manobrar bastante para conseguir atravessar o peão. Brancas jogam 57 Bd4 e agora o rei preto não consegue atacar o peão e o bispo preto volta para d6. Que legal, se ficarem nesse vai e vem o dia todo, pretas empatam. Portanto, brancas mandam o rei para f5 e em 59 oferece a troca de bispos de novo. Pretas não podem aceitar: 59. Ba5 e agora o rei sai do caminho do peão. No lance 61 o rei preto captura o peão em a5, mas permite ao rei branco entrar em d5, acotovelando o rei preto para longe. 63....Bd8 64. Ke6. Isso porque brancas irão oferecer a troca de bispos de novo. Em 65 a troca é recusa e em 66 o bispo branco vai para h4 com o seguinte em mente: ele sabe que o bispo preto irá para c3 para bloquear o peão e assim vai para h4, depois para g3 e em seguida entra em e5 e propõe a troca de bispos de novo. Em 68....Bf8, troca recusada, mas agora o peão consegue avançar dois lances em seguida e está em f7. 70, bispo preto para f8 força brancas a uma série de manobras para remover o bispo e promover o peão. Pretas desistem no lance 72, mas se não tivesse desistido quais seriam os lances necessários para brancas removerem os bispos da diagonal que bloqueia a promoção do peão em f8? Note que a posição das peças no último lance é: rei preto em c6, rei branco em e6, bispo branco em e7, peão branco em f7, bispo preto em g7. Como você procederia para promover o peão? Cuidado, se fizer o lance errado, não mais conseguirá promover (irá cair na regra dos 50 lances sem captura). Tente antes de olhar a resposta a seguir.

73. Kd5 Kf7 74. Kg6 Kxe7 75.Kxg7 Kd6 e o peão promove. Surpreso?

Diagrama 100
77. .....Bb2 78. Kf3 Bxa3 79.Bf6 Bb4 80.Ke4 a3 81. Kd3 a2 82. Kd4. Pretas vencem.

Sem consolo,, brancas perderão o peão. No lance 78 pretas querem trocar bispos (e promover o peão com facilidade), mas pretas recusam-se: Bf6 aguarda a chegada do peão em a1. No lance 81 o peão já andou duas casas e está pronto para a promoção, mas ainda é preciso lidar com a ameaça do bispo branco. O último lance da partida não faz sentido, porém a partida já está perdida de qualquer forma. Melhor teria sido 82. Ba1 e então 82.....Ba3 83. Ke4 (já fugindo!) Bb2 84. Bxb2 Kxb2 85. Kf5 a8=Q e a final é de dama contra rei.

ÚLTIMO DIAGRAMA: EMPATE MILAGROSO!

(e como não se jogar estilo kamikaze!)

Diagrama Final: empate milagroso

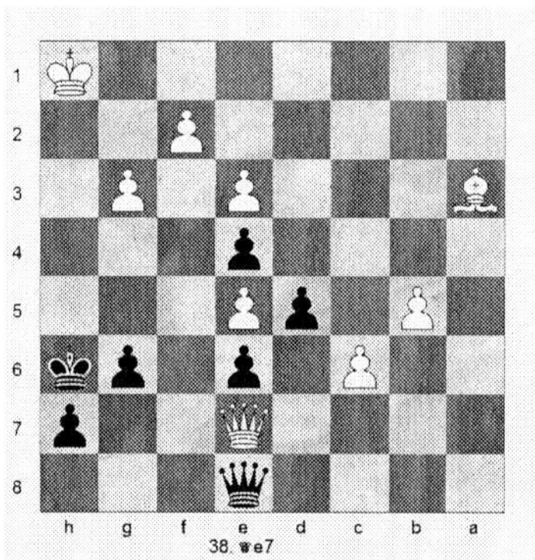

Vez de pretas. Após o lance de pretas, brancas irão mover c7, com o peão às beiras de promover, e mais adiante irá promover e ter duas damas. **Como pretas conseguem empatar?**

Brancas: Kevin Querry
Pretas: John Barroso
Local: Cleveland, Ohio, agosto de 2015.
Lição para brancas: com peão avançado, dê um xeque e em seguida promova. Com uma dama extra, brancas tinham que ganhar!

Lição para pretas: sortudo!
No Aberto de Cleveland eu havia ganhado duas partidas e perdido duas e estava desapontado. Na última partida, irracionalmente decidi jogar estilo kamikaze para assustar o adversário. Resultado: perdi o bispo já no lance 10 e no lance 18 eu já estava um bispo e dois peões atrás. Mas continuei tentando assustar o cara movendo tudo o que tinha para o lado do rei dele **(não faça nada disso na sua carreira enxadrística, não deixe o moral cair, mantenha-se lógico durante todo o campeonato!).** No diagrama ao lado, após pensar por 59 minutos, com a partida quase perdida, vi a única possibilidade de em-

pate e resolvi arriscar. Funcionou! Abaixo está o lance 38 de pretas e os demais lances até o empate e, no final, a partida completa.

38.Qe7 Qa8 39.c7 Qa4 40.Kg2 Qd1 41.c8=Q Qf3+ e empate por repetição (se continuasse). Configure o tabuleiro e reprise os lances acima. Abaixo, a partida completa: Ao fazer o lance Qa4 (não capturando o bispo, o adversário ficou totalmente surpreso!). Note que, se 40. Kh2 Qd1, então 41.c8=Q Qa5+ 42. Kg2 Qf3+ 43. Kh2 Qxf2+ e os xeques continuam até o empate por repetição.

A partida completa:
1.d4 d5 2.Nf3 Nc6 3.e3 e6 4.Bd3 Nf6 5.b3 Bd6 6.Bb2 O-O 7.O-O a68.Nbd2 b5 9.c4 Ne7 10.c5 Bxh2+ 11.Nxh2 Ng6 12.Nhf3 c6 13.g3 Ne814.b4 f5 15.a4 Ra7 16.axb5 cxb5 17.Bxb5 Raf7 18.Bxa6 Nf6 19.Bxc8 Qxc820.Ne5 Nxe5 21.dxe5 Ne4 22.Nf3 Qd8 23.Nd2 g6 24.Nxe4 fxe4 25.Ra6 Re826.Qe2 Rf5 27.b5 Rh5 28.Kg2 Qg5 29.Rh1 Rxh1 30.Kxh1 Qd8 31.c6 Qc832.Qc2 Re7 33.Qa4 Qf8 34.Ra8 Re8 35.Rxe8 Qxe8 36.Ba3 Kg7 37.Qa7+ Kh6
38.Qe7 Qa8 39.c7 Qa4 40.Kg2 Qd1 41.c8=Q Qf3+ . Empate.

O rei branco receberá xeque contínuo independente do lance que fizer. Brancas, Kevin, um senhor muito gentil ficou decepcionado por empatar com duas damas a seu favor!

Note que brancas erraram feio: após pretas 39.....Qa4, brancas deveriam jogar 40. Qh4+ (em vez de Kg2) com pardida ganha. Veja uma das possíveis sequências de vitória de brancas começando com o diagrama acima:

1. .....Qa8 2. c7 Qa4 (ainda querendo o empate) 3. Qh4+ Kg7 4. c8=Q. Agora com duas damas brancas, pretas têm que mudar os planos. É a vez de pretas:

Plano "A":
4.....Qa2 5. Qf8 xeque-mate

Plano "B":
4.....Qxa3 4. Qc7+ Kg8 5. Qxh7 xeque-mate

Plano "C" caso pretas continuem com a ideia do empate:
4.....Qd1+ 5. Kh2 Qf3 6. Qc7+ Qf7 7.Qe5+ Kg8 8.Qd8+ Qf8

Notas Finais

Neste obra nós cobrimos uma série de tópicos, desde encontrar o próximo lance (diagramas 1 a 24), encontrar o melhor lance possível (diagramas 25 a 34 com lances inesperados), a encontrar a sequência total até o final (diagramas 35 a 100). Neste último lote de diagramas cobrimos uma variedade de tópicos, os mais comuns em finais de campeonatos.

O leitor deve agora aprimorar-se em cada tópico, seja adquirindo mais livros ou CD's, seja tornando-se sócio de um clube de xadrez, seja encontrando pessoas que queiram praticar xadrez juntas. Note que é preciso paciência e perseverança pois o progresso no xadrez é lento, podendo levar anos para sentir o aumento da força enxadrística. Por outro lado, a perseverança é, em si, parte da alma do xadrez: apenas os que perseveram mantêm-se no jogo e sobem nos ranqueamentos. Não é preciso pressa, mas sim constância.

Caso não tenha lido o volume 1 desta obra, adquira-o e reveja os mesmos tópicos, porém com discussão de teorias que o ajudará a assimilar padrões e evitar erros básicos de finais simples.

Caso o leitor tenha seriamente estudado, tanto o volume 1 quanto este volume, não há dúvida de que seu conhecimento e força enxadrística já tenham aumentado, embora a demonstração de tal, depende também da experiência e aumento, do número de partidas jogadas. O mais importante é continuar os estudos, não passar mais que duas semanas sem jogar ou estudar, e não desistir apesar do desânimo. Não se esqueça, os resultados vêm, com toda certeza, mas vêm devagar, porém sólidos. Estudar e praticar sim, perder a esperança, jamais (para parafrasear a frase famosa!).

Ao jogar contra amigos ou em campeonatos, mantenha em mente que no xadrez devemos ser todos cavalheiros e ter compaixão. Ao vencer uma partida, demonstre calor humano com o derrotado, mostre-lhe os erros cometidos e o momento em que o mesmo perdera o domínio. Jamais ria de quem perde. No xadrez poucos vencem mais que 50% das partidas. O jogo é nobre, em parte, devido ao respeito ao outro que devemos ter. Durante a partida devemos ser infalíveis e imperdoáveis, depois da partida devemos ter amor divino, afinal, vitórias, troféus, medalhas, dinheiro ganhado em campeonatos e a sensação de poder ao vencer, nada irá levá-lo ao céu ou ao paraíso. No final, o grande enxadrísta deve ser também o grande cavalheiro de coração e alma, afinal, na suma das sumas e no resto dos restos, fica o legado de que no final da vida e da carreira enxadrística, restará apenas o fato mundano de que ao vencedor, caberá apenas as batatas.*

Com amor pelo jogo e à sua disposição

John Barroso
cidade de Pittsburgh, Estado da Pensilvânia, Estados Unidos
contato: profjohnbarroso@gmail.com

*a última frase vem de *Dom Casmurro e Quincas Borba*, obras de Machado de Assis.

Impressão e acabamento
Gráfica da Editora Ciência Moderna Ltda.
Tel: (21) 2201-6662